Mag. Margarita Zinterhof
Worauf es wirklich ankommt

Mag. Margarita Zinterhof

Worauf es wirklich ankommt

Vertraue deiner Intuition

Von der Theorie zur Praxis

IMPRESSUM

Mag. Margarita Zinterhof
2. verbesserte Ausgabe
ISBN: 3-902016-39-6

Grafiken: Alexandra Zinterhof

INHALTSVERZEICHNIS

WIDMUNG

Ich widme dieses Buch allen Menschen, die mich bisher auf meinem Weg begleitet haben, aber auch allen jenen, die in Zukunft ein kürzeres oder längeres Stück mit mir gehen werden.

Ganz besonders aber meinem Partner, der seit meinem 17. Lebensjahr an meiner Seite ist und mich stets liebevoll unterstützt sowie meiner bereits erwachsenen Tochter, die das vorliegende Buch illustriert hat.

DANKSAGUNG

Meinen ganz besonderen Dank möchte ich allen Damen und Herren aussprechen, die so offen und ehrlich den Gewinn, den sie durch meine Seminare erfahren haben, mitteilen, um andere Menschen zu ermuntern die Wege der Intuition, der Weisheit und Liebe zu gehen. Die meisten von ihnen hatten große gesundheitliche, berufliche oder partnerschaftliche Probleme. Sie haben all das, was in meinem Buch an Übungen und Möglichkeiten angeboten wird, mit Konsequenz und Ausdauer angewendet. Durch das besondere Anheben ihres Energiepotenzials und das Überwinden von Disharmonien hat sich bei jedem Einzelnen vieles zum Positiven hin verändert.

Einige von diesen Berichten habe ich als Ergänzung zu den entsprechenden Themen beigefügt, andere findet man im Anhang.

VORWORT

Das vorliegende Buch, das ich mit viel Liebe und Freude geschrieben habe, zeigt Wege und Möglichkeiten, die sich in meinem Leben als überaus hilfreich erwiesen haben.

Da ich von vielen Menschen, die meine Seminare besucht haben, gebeten wurde, all das, was sich auch in deren Leben bewährt hat, niederzuschreiben und einem breiten Publikum zugänglich zu machen, habe ich mich entschlossen, diesem Wunsch nachzukommen.

So entstand ein Buch aus der Praxis für die Praxis.

In zwischenmenschlichen Beziehungen macht sich immer wieder dort und da ein Nebeneinander oder Gegeneinander bemerkbar. Ich habe durch das Studium der Verhaltensforschung und durch meine langjährige weitere Ausbildung viele Wege gefunden, Verständnis, Einfühlungsvermögen, Liebe und menschliche Wärme ins Leben zu bringen. Diese Wege kann jeder einschlagen, ob jung oder alt, und somit ist dieses Buch auch für jedermann gedacht und verwendbar.

Energie, Harmonie und ein Miteinander in allen Bereichen sind Grundvoraussetzungen für dauerhaften Erfolg, Wohlstand und für Zufriedenheit. Mit Wohlstand meine ich Stimmigkeit auf allen Ebenen, etwas, was zum Wohle steht bezüglich Partnerschaft, Beruf und Gesundheit. Viele Menschen, denen ich begegne, haben schon einiges über die vorliegende Thematik gehört oder gelesen. Ich merke allerdings oft, dass der so wesentliche Schritt von der Theorie zur Praxis fehlt.

Die folgenden Kapitel bieten verschiedene richtungsweisende Ansätze, zu einem faszinierenden Leben, das Sie im Miteinander statt Gegeneinander führen können.

Aber achten Sie bitte auf drei Hindernisse, die auf diesem Weg oft beseitigt werden müssen: auf das Ego, das immer wieder Angst hat vor Neuem, auf ein inneres Negativprogramm, *„so einfach kann es doch* *nicht sein"*, und auf den Verstand, der alles Neue zerdenkt und anzweifelt.

Die Welt ist in den letzten Jahrzehnten lauter, schneller und ruheloser geworden.

Wenn geistiges Wachstum weiterhin möglich sein soll, so bedarf es einer Wende, einer Umwendung von außen nach innen. Wie soll der Mensch – ob in einer verantwortungsvollen Stellung im öffentlichen Leben oder innerhalb der Familie – sich seelisch weiterentwickeln, wenn die innere Verbindung zum Ursprung allen Seins nicht kontinuierlich gewährleistet ist.

Sobald wir den Geist nach innen wenden, erlangen wir Unterscheidungsvermögen und dadurch finden wir zur Wahrheit.

Was wir mehr und mehr erfahren, wenn wir nach innen gehen, sind die Gesetze der Natur und die Gesetze des Geistes, nach denen die ganze Schöpfung aufgebaut ist und sich bewegt.

Folgen Sie den sicheren und langjährig erprobten Wegen der Intuition, Weisheit und Liebe, die zu einer tiefen inneren Zufriedenheit führen. Diese Zufriedenheit in uns ist ein wunderbarer Beitrag zum Frieden am Arbeitsplatz, im Freundeskreis und schließlich in der Welt.

Stimmige Beziehungen zu leben, ist ein nie endender Lernprozess. Wenn wir mit uns selbst und mit anderen achtsam umgehen, unser Bestes geben und liebevoll an uns arbeiten, gewinnen wir immer mehr Reife. Diese wieder ist die Voraussetzung für glückliche Liebe und gute Beziehungen zu allen Menschen, die mit uns leben.

Die verschiedenen Übungen im Buch, die Sie jederzeit und überall immer wieder praktizieren können, sind die Schlüssel zu einem lebendigen und freudvollen Leben, zu beruflichem und privatem Erfolg. Wenn Sie diese regelmäßig anwenden, werden sie mehr und mehr Sie selbst. Sie reihen dann einen erfüllten Augenblick an den anderen und Wohlbefinden wird Ihr ständiger Begleiter.

1. KAPITEL

AUSGEWOGENER ENERGIEHAUSHALT

Alles im Leben
ist eine Angelegenheit von
Energie und Harmonie

Ein ausgewogener Energiehaushalt ist die Grundvoraussetzung für ein stimmiges Miteinander in allen Bereichen. Lebensfreude, Schaffenskraft und Erfolg sind nur dann von Dauer, wenn stets genug Energie in uns vorhanden ist, und wir achtsam mit uns selbst und anderen umgehen.

ENERGIEPOTENZIAL ANHEBEN

Haben wir zu wenig Energie, so sind wir kaum belastbar und häufig gereizt. Ein harmonisches Miteinander ist dann sowohl im beruflichen wie auch im privaten Bereich schwer möglich. Wollen wir mit anderen Menschen gut auskommen und stets unser Bestes geben, so sollten wir schon am Morgen, sobald wir die Augen aufschlagen, für einen ausgewogenen Energiehaushalt sorgen.

Es gibt einfache und doch sehr wirksame Möglichkeiten, Energie aufzunehmen und das Energiepotenzial hochzuhalten. Im ersten Kapitel meines Buches möchte ich Ihnen Wege zeigen, wie Sie sich vor unnötigem Energieverlust schützen können.

Als junges Mädchen war ich ein ausgesprochener Morgenmuffel. Mein Verhalten trug nicht zu einem angenehmen Miteinander bei. Als ich all dies, was ich Ihnen nun näher bringen will, noch nicht wusste und somit auch nicht anwenden konnte, war ich auch abends nach einem anstrengenden Arbeitstag oft unfreundlich und überempfindlich. Andere Menschen brachten mich leicht aus meiner Mitte, wenn ihr Verhalten nicht meinen Vorstellungen und Erwartungen entsprach. Wäre mir all das, was ich in meinen Seminaren weitergebe, schon bekannt gewesen, so hätte ich mir so manche kräfteraubende Auseinandersetzung im beruflichen und privaten Leben erspart.

Viele Partnerschaften, Mutter-Kind-Beziehungen und berufliche Kontakte sind durch Energiemangel schwer belastet.

DAS TÄGLICHE MORGENPROGRAMM

- Wenn Sie munter werden oder der Wecker Sie aus dem Schlaf holt, dann massieren Sie zunächst Ihre Ohren.
- Kneten Sie den Ohrrand einige Minuten und biegen Sie ihn leicht nach außen.

Sie werden sich danach frischer fühlen. Kinesiologen erklären, dass wir dadurch die Ohrenenergie einschalten. Wenn Babys und Kleinkinder müde werden und munter bleiben wollen, so greifen sie intuitiv nach ihren Ohrmuscheln.

INNERE REINIGUNG DURCH DEN ATEM

- Achten Sie auf Ihren Atem. Stellen Sie sich zunächst vor, dass beim Ausatmen sowohl Spannungen wie auch Bakterien und Viren mit dem Atemstrom den Körper verlassen. Manche Menschen sehen einen milchig-trüben Atem wegfließen, der allmählich klarer wird.
- Nach einer Weile konzentrieren Sie sich auf das Einatmen. Nehmen Sie bewusst Lebensfreude und Schaffenskraft auf. Sie werden nach kurzer Zeit ein inneres Wohlgefühl verspüren.

AUFTANKEN

- Setzen Sie sich auf und stellen Sie sich über Ihrem Scheitel eine Blumenknospe, eine Seerose, eine Lotusblüte oder eine Sonnenblume vor, die sich langsam öffnet. Fragen Sie Ihre innere Weisheit, welches Symbol für Urkraft für Sie persönlich stimmig ist. So manche Menschen wählen die Sonne, andere einen großen Energieball. In Gedanken fließt nun frische, reine, kosmische Energie von diesem Symbol, das sich über Ihnen am Himmel befindet, in Ihre Blüte. Alle Blüten in der Natur speichern kosmische Kraft. Über eine kleine gedachte Lücke strömt die Energie weiter in Ihren ganzen Körper. Lassen Sie einfach geschehen. Die Energie fließt in alle Organe bis in die Fingerspitzen und Zehen.

- So manche Menschen spüren nach einer Weile ein Prickeln oder zumindest Wärme in den Händen und Füßen. Andere brauchen einige Tage bis Sie dieses Empfinden wahrnehmen, aber auch sie haben von Anfang an einen Gewinn.
- Wenn Ihnen die Vorstellung, dass ein Stecker in der Urkraft befestigt ist und über ein gedachtes Kabel Energie in den Körper hereinfließt, besser gefällt, dann agieren sie gedanklich damit.
- Nehmen Sie so lange Kraft auf, bis Sie intuitiv spüren, dass es vorerst ausreicht. Sie können tagsüber jederzeit nachtanken.

Ich kann mir ein Leben ohne diese Übung, die mehr und mehr zu einem wunderbaren Bewusstseinszustand wird, nicht mehr vorstellen. Alles wird viel reicher und schöner, wenn man stets ein hohes Energiepotenzial aufweist.

INNERES LÄCHELN

- Denken Sie an einen Menschen, den sie lieben und schätzen, und lächeln Sie diesem herzlich zu. Fühlen Sie dieses Lächeln auf Ihren Lippen, in Ihren Augen und in allen Zellen. Der ganze Körper beginnt zu lächeln. Dieses so genannte innere Lächeln bewirkt ein Ausschütten von Glückshormonen in Ihrem Organismus. Sie erreichen aber auch ein wohltuendes, anziehendes Charisma.

Jeder, der Ihnen begegnet, bemerkt Ihre angenehme und gewinnende Ausstrahlung. Auch Ihre Stimme beginnt zu lächeln. Wenn Sie telefonieren, wird ihr Gesprächspartner angenehm berührt. Das Lächeln ist der kürzeste Weg von Mensch zu Mensch und die einzige internationale Sprache.

Diese Einstellung auf den Tag bewirkt nicht nur einen ausgewogenen Energiehaushalt, sondern ist auch die beste Voraussetzung für ein gutes, erfolgreiches Miteinander im beruflichen und privaten Bereich.

DEN TAG VORAUSERLEBEN

Wenn Sie nun noch den vor Ihnen liegenden Tag vorauserleben, so sind Sie bestens vorbereitet. Sie brauchen dann weniger Energie und weniger Zeit für alles, was zu tun ist.

Durch das Vorauserleben werden auch eventuelle Ängste abgebaut. Man hat dann in einer bestimmten Situation das Gefühl, dass dies oder jenes schon erlebt und gut bewältigt worden ist. Sobald wir angstfrei in diverse Besprechungen und Verhandlungen hineingehen, wird man viel belastbarer. Ihr Verhalten wird souveräner und gelassener.

Ich empfehle Ihnen, schwierige bzw. sehr wichtige Situationen, wie Prüfungen, Konferenzen, Verhandlungen usw. mehrere Tage vorauszuerleben. Sie sehen sich wie einen Hauptdarsteller in einem Film und bewältigen Ihre Aufgaben sicher und ruhig. Viele Spitzensportler, Sänger, Schauspieler und die besten Schachspieler wenden das Vorauserleben mit großem Erfolg an.

DIE SCHÜTZENDE LICHTGLOCKE FÜR BERUF UND DAS TÄGLICHE LEBEN

Was ich Ihnen ganz besonders ans Herz legen möchte, ist das Visualisieren einer schützenden Lichtglocke.

Auf diese Weise ist ein liebevolles, verständnisvolles und einfühlsames Miteinander viel eher möglich. Selbst wenn Kinder, Partner oder andere Menschen in Krisen stecken, können wir helfen und beistehen, ohne ausgelaugt zu werden. Wir sind für sie alle eine Chance und ein

Vorbild. Verlassen Sie nie mehr ungeschützt Ihre Wohnung oder Ihr Haus. Ärzte, Krankenschwestern, Pfleger, Lehrer und Kindergärtnerinnen schätzen diese Übung besonders.

Übung:

- Denken Sie nochmals an Ihr Symbol für Urkraft und lassen Sie in Gedanken nun reines, klares Licht von oben in sich einfließen. Dieses Licht erfüllt jede Zelle und bewirkt eine weitere Steigerung des Wohlbefindens und der Schaffenskraft.
- Wenn Sie spüren, dass Sie so ganz durchdrungen sind von Licht, dann lassen Sie dieses auch außen um sich herumfließen. Hüllen Sie sich in eine schützende Lichtglocke. Niemand sieht diese, aber Sie selbst wissen, ich bin geschützt.
- Es entsteht gedanklich eine Glocke aus feinst gesponnenem, goldenem Licht. Sobald Sie eingehüllt sind, kann Ihnen niemand Energie entziehen.
- Wenn jemand auf Sie zukommt, der einen schlechten Tag hat, so merken Sie, dass dieser Mensch eine unrunde Schwingung aussendet. Diese gleitet an der Lichtglocke ab wie Schnee an einer warmen Fensterscheibe.
- Diese Energie erreicht Sie nicht und geht Ihnen nicht unter die Haut. Auch wenn jemand schimpft, schreit oder tobt, so sind Sie vollkommen geschützt.
- Senden Sie demjenigen, der im Moment vielleicht verärgert ist, in Gedanken Licht. Sie werden merken, dass er ruhiger wird. Niemand kann Sie mehr verletzen oder kränken. Sie lassen es nicht mehr zu. Die Lichtglocke ist eine wunderbare Hilfe für alle zwischenmenschlichen Beziehungen. Wir bleiben stark, verlieren keine Energie und schützen auch unsere Nerven.

ERKENNTNISSE UND GEDANKEN ZUM THEMA LICHT

Das Licht ist ein viel studiertes Phänomen, dem schon bei den alten Ägyptern eine besondere Bedeutung zukam. Die Baumeister von Pyramiden und Tempeln benutzten Lichtbündel, die entweder durch ausgeklügelte Einfallswinkel oder durch konkave Spiegel so gelenkt wurden, dass ihr Auftreffen auf bestimmte Objekte, Wände oder Statuen zeitlich im Einklang stand mit festgelegten Momenten, denen symbolische Bedeutung zukam. In der christlichen Architektur des hohen Mittelalters dienten Fenster in den gotischen Kathedralen dazu, möglichst viel Licht im Kirchenschiff einzufangen und auf zentrale Punkte zu lenken. Als sakraler Ausdruck von Gottes Allmacht, Schöpferkraft und himmlischer Liebe.

Zu allen Zeiten – und dies gilt heute mehr denn je – wurde Licht als Symbol für Leben, Kraft und Dynamik betrachtet. Seit Beginn dieses Jahrhunderts sind Helligkeit und weitest möglicher Lichteinfall das architektonische Prinzip vieler Sanatorien, damit das Licht hilft, die Genesung zu unterstützen. Für die körperliche, geistige und seelische Gesundheit ist Licht unerlässlich.

Licht ist Leben, nicht nur physisches biologisches, sondern auch seelisches, inneres Leben. Ohne Licht, das äußere wie auch das innere, könnten wir Menschen nicht existieren. Wir empfangen das Licht, nehmen es in uns auf und geben es weiter. Wir transformieren äußere Strahlen, hauptsächlich Sonnenstrahlen und speichern sie in uns, wo sie als Energiestrahlen fortwirken.

Licht ist in unserem Lebensumfeld eine wesentliche Voraussetzung für körperliche und seelische Harmonie.

Wir sollten es den Blumen nachmachen und der Sonne im Laufe des Tages immer wieder die Möglichkeit geben, in uns einzufließen, uns mit lebensbejahender Kraft zu erfüllen. Denn auch das innere Licht, die Ausstrahlung eines frohen, warmen Menschen bedeutet Harmonie. Harmonie für ihn wie auch für die, die mit ihm leben.

Licht ist Medizin und Licht ist Nahrung, nicht nur für Pflanzen. Licht ist die Grundlage des Lebens auf unserem Planeten. Die Fotosynthese, mit der Pflanzen aus Licht Energie gewinnen, ist die wichtigste Grundlage für Leben auf der Erde.

Untersuchungen aus unserer Zeit und Erfahrungen von Ärzten früherer Jahrhunderte haben gezeigt, dass Lichtmangel verschiedene psychische und physische Krankheiten zur Folge hat. Licht ist Energie, und die Zellen kommunizieren nicht nur durch chemische Botenstoffe, Hormone, sondern auch durch Licht, die sogenannten Biofotonen.

Ein Übermaß an Licht kann verbunden mit anderen Faktoren Krebs verursachen. Im richtigen Maß ist es aber überaus heilsam. Unsere Intuition sagt uns wie viel und wie lange Licht, ob in der Natur oder mental aufgenommen, für jeden Einzelnen jeweils stimmig ist.

Farbiges Licht, das wir auch in Gedanken einwirken lassen können, beeinflusst die Stimmung des Menschen, seinen Stoffwechsel und seine Hormonproduktion. Die alten Sumerer, Babylonier, die Kelten, Germanen, Inkas und Azteken verehrten die Sonne. Ra, der Sonnengott der Ägypter ist auf vielen Abbildungen zu sehen. Die Griechen weihten dem Sonnengott Helios eine ganze Stadt: Heliopolis. In den Tempeln wurde „Farbtherapie" betrieben.

Im ersten Brief des Apostels Johannes steht zu lesen:
„Gott ist Licht und in ihm ist keine Finsternis. Gott ist die Liebe und wer in der Liebe bleibt, der bleibt in Gott und Gott in ihm."

Licht, Liebe und Gott sind eins. Der indische Begriff „Sattwa" bedeutet göttliche Urnatur und beinhaltet das Lichte, das Geistige und das Gütige – liebevolles Prinzip.

WEITERE EMPFEHLUNGEN FÜR DIE ERHALTUNG EINES AUSGEWOGENEN ENERGIEHAUSHALTES

INTEGRIERT SEIN

Integriert sein bedeutet: verbunden sein mit allem, was wir tun. Wenn Sie ein Glas halten, das randvoll mit Wasser gefüllt ist und dieses herumschwenken, so werden Sie eine Menge verschütten. Stellen Sie sich nun vor, die Hand und das Glas sind eins, konzentrieren Sie sich darauf und Sie werden merken, dass trotz Bewegung kaum etwas über den Rand fließt. Versuchen Sie nun bei allen Tätigkeiten daran zu denken, dass es sehr hilfreich ist, in einer Sache voll aufzugehen.

Ein Handwerker kann mit seinem Werkzeug verbunden sein, ein Zahnarzt mit seinem Bohrer, ein Lehrer mit dem Stoff, den er vorträgt oder ein Kaufmann mit dem, was er anzubieten hat. Sie alle brauchen dann weniger Energie und erzielen bessere Leistungen.

ALLES MIT FREUDE ERLEDIGEN

Wenn wir nun auch noch darauf achten, dass wir alles, was zu tun ist, mit Freude oder zumindest mit positiver Einstellung angehen, dann kommen wir schneller, besser und leichter zum Ziel. Sobald wir beschließen, auch das, was uns bisher unangenehm war, mit Freude zu tun, dann wird das Leben viel leichter.

Als mir unmittelbar vor einem Seminar in unserem Haus ein Blumentopf auf den Boden fiel, hörte ich meine innere Stimme, die mir sagte: Du kannst dich jetzt ärgern oder fröhlich und lachend für Sauberkeit sorgen. Ich entschied mich für Letzteres und staunte, wie schnell alles wieder in Ordnung war. Ich habe das Aufräumen als Spiel und Gymnastik gesehen. Seither halte ich es immer so.

ZENTRIEREN

Prüfen Sie immer wieder, ob Sie zentriert sind, das heißt aus Ihrer Mitte heraus leben. Wir sind so oft außer uns und dadurch aufgeregt, gereizt oder unkonzentriert.

Fragen Sie Ihre innere Weisheit, wo sich Ihre eigene Mitte befindet. Sie werden es fühlen, wenn Sie die Augen schließen und in sich hineinhorchen. Konzentrieren Sie sich nun auf Ihr Herz oder den Nabel, je nachdem, was Ihnen Ihre Intuition zeigt.

Wenn Sie zentriert sind, so strahlen Sie Ruhe, menschliche Wärme und unerschütterliche Sicherheit aus. Andere Menschen fühlen sich in Ihrer Nähe wohl, Kinder empfinden Geborgenheit. Wir spüren mehr Toleranz und Friedfertigkeit, werden rücksichtsvoller und achtsamer.

Affirmationen können diesbezüglich sehr hilfreich sein.
Zum Beispiel:
„Je mehr ich tue umso größer die Ruhe." oder
„Ich bin eins mit mir und der Welt."

Jedes Mal wenn wir ins Auto steigen, das Telefon läutet, oder wir einen Raum betreten, sollten wir kurz in uns prüfen, bin ich noch in meiner Mitte? Sobald ich spüre, dass ich herausgerutscht bin, konzentriere ich mich wieder erneut und ganz bewusst auf mein Zentrum. Sogleich breitet sich Ruhe und Wohlgefühl, Sicherheit und innere Stärke aus.

Als ich noch unterrichtete, erklärte ich meinen Schülern:
„Ihr könnt euch das Leben schwer machen oder leicht. Es ist eure Entscheidung. Wenn ihr die Aufgaben so schreibt wie es meist üblich ist, nämlich mit einem gewissen Missmut und Ablehnung, dann ist die Arbeit mühsam und langwierig. Sobald ihr euch aber selber motiviert und mit Freude herangeht, seid ihr schneller fertig, und das Ergebnis ist viel besser und befriedigender."

Viele der jungen Damen und Herren haben dies ausprobiert und mir bestätigt, dass sie weniger Fehler machten und alles besser von der Hand ging.

Eine Kollegin meiner Schule, die in verschiedenen Bereichen ein Vorbild für mich war, schaffte es in ihrer 30-jährigen Dienstzeit, nicht einen Tag krank zu sein. Sie war immer dynamisch und voller Ideen. Bei ihrem 50. Geburtstag verriet sie den Gästen die Ursache ihrer so überaus stabilen Gesundheit und Vitalität. Sie fasste grundsätzlich alles, was zu tun war mit Freude oder zumindest einer positiven Einstellung an. Ob es sich um das Verbessern von Schularbeiten oder das Erstellen des Stundenplanes für ca. 800 Schüler und 100 Lehrer handelte oder um Schneeschaufeln und Hausarbeit, sie erledigte alles fröhlich und mit vollkommen positiver Grundhaltung. Sobald wir als Erwachsene unseren Kindern dieses Verhalten vorleben, so geben wir ihnen etwas überaus Wertvolles für die Zukunft mit.

Wir haben im Leben häufig Prüfungssituationen zu bewältigen. Wenn wir längere Zeit konsequent darauf achten, dass wir stets aus unserer Mitte leben, dann bleiben wir auch in extremsten Situationen zentriert. Wir sind dann fähig, anderen Menschen in einer schwierigen Lage beizustehen ohne Energie zu verlieren. Wir reagieren nicht wie ein Kind, sondern agieren in Weisheit und Güte.

VERWURZELN

Das Verwurzeln ist eine „kleine" Übung mit einer „großen" Wirkung. Zahlreiche Kinder und Erwachsene haben ihren besonderen Wert erkannt und ihre Konzentrationsfähigkeit damit immens verbessert.

Für mich selbst und viele Leute, die meine Seminare besucht haben, ist sie so selbstverständlich geworden wie das tägliche Zähneputzen. Es genügen zwei bis drei Minuten und schon sind wir zentriert, stabil und für eineinhalb Stunden weder körperlich noch seelisch aus der Bahn zu werfen.

Angst und Lampenfieber, die sowohl Kindern wie Erwachsenen in gewissen Situationen das Leben schwer machen, sind wie weggeblasen. Bei vielen Schülern, die die Übung regelmäßig anwenden, haben sich die Noten wesentlich verbessert.

Vorstandsdirektoren von Banken, Firmenchefs, Sportler, Schauspieler, Ärzte, Pädagogen, Verkäufer und Handwerker, Hausfrauen und Studenten, sie alle haben festgestellt, dass jede Tätigkeit besser, schneller und effektiver durchführbar ist, wenn man sich davor verwurzelt.

Übung:

- Suchen Sie sich einen ruhigen Platz, schließen Sie die Augen und stellen Sie sich vor, dass feste, starke Wurzeln von den Fußsohlen tief in den Boden reichen. Nun stellen Sie sich auch noch vor, dass eine angenehme, warme Sonne auf den Bauch, vor allem auf den Nabel scheint.
- Wenn Sie fühlen, dass Sie gut verwurzelt sind und im Bereich des Solar Plexus Wärme spürbar ist, dann öffnen Sie wieder Ihre Augen.

Bitten Sie jemanden, dass er Sie bei den Schultern nimmt und versucht, Sie aus dem Gleichgewicht zu bringen. Es wird nicht möglich sein, wenn Sie wirklich konzentriert bei der Sache waren. Sie stehen jetzt so fest wie eine Eiche auf dem Boden und sind doch locker und entspannt. Ein leichtes Hin- und Herschwingen ist in Ordnung. Sie werden eine unbeschreibliche innere Sicherheit verspüren. Nach 1 1/2 Stunden ist eine Wiederholung nötig.

Falls Sie einmal das Gefühl haben, dass die Beine zu fest verankert sind, dann denken Sie daran, wie ein Gärtner vorgeht, wenn er eine Pflanze aus dem Boden löst. Er hebt die Wurzeln sanft heraus und schüttelt sie ein wenig. Agieren Sie nun mit Ihren Beinen ebenso; Sie sind dann leichtfüßig und doch außerordentlich stabil, fest und unerschütterlich. Sie fühlen sich wie ein Kapitän, der auch bei Sturm und hohen Wellen sicher auf seiner Kommandobrücke steht.

WENN DAS ENERGIEPOTENZIAL ABSINKT

Was ist zu tun, wenn das Energiepotenzial tagsüber absinkt?

Nachtanken (wie am Anfang des Kapitels beschrieben).
Immer wieder prüfen, ob Sie noch in Ihrer Mitte sind.
Eventuell nachzentrieren.
Gezielte Atemübungen, wie zum Beispiel die holistische Hautatmung.

HOLISTISCHE HAUTATMUNG

Diese Atemübung stärkt und entspannt gleichzeitig, sie löst so manche Angst auf. Das Wort „Angst" kommt aus dem Lateinischen „angus" und bedeutet „eng".

Drei- bis viermal pro Tag, fünf bis zehn Minuten lang gezielte Atemübungen helfen uns, damit wir uns wieder wohl und ausgeglichen fühlen.

Wir atmen meist während des Tages sehr flach, es kommt zu Blockaden und dadurch auch zu Missmut und Unbehagen.

Übung:

- Ich sitze in Gedanken auf einer Wiese, einer wunderschönen Bergwiese. Rund um die Wiese stehen große grüne Bäume. Beim Einatmen strömt Energie und Sauerstoff über die vielen Poren der Haut in mich ein, beim Ausatmen weite ich mich gedanklich aus bis zu den grünen Bäumen.
- Ich wiederhole diesen Atemvorgang so lange, bis ich Kraft und innere Weite spüre. Rund um die Bäume sind Berge zu sehen. Nun weite ich mich beim Ausatmen bis zu den Bergen hin aus und schließlich bis zum Kosmos.

Auch die beste Nahrung bewirkt kein hohes Energiepotenzial, wenn wir nicht immer wieder tief und bewusst atmen. Sobald zu wenig Sauerstoff in die Mitochondrien, die Kraftwerke der Körperzellen, fließt, kann die in der Nahrung enthaltene Energie nicht vollständig freigesetzt werden. Wir haben in jeder Zelle einige tausend Kraftwerke. Aus der Lunge wird Sauerstoff herangebracht und aus dem Darm über das Blut Zucker, der beim Abbau der Nahrung entsteht oder schon als Zucker aufgenommen wird. Ohne ausreichenden Sauerstoff kann die Energie der Nahrung nur in geringem Maß genützt werden. Sobald Sauerstoff und Zucker aufeinander treffen, wird in den Mitochondrien Energie freigesetzt. Es handelt sich um biologisch verwertbare Energie und diese steht dem Körper zur Verfügung. Für jeden Gedanken und jede Bewegung brauchen wir diese Kraft.

Wenn ein Ofen einen schlechten Zug hat, dann glost das Brennmaterial vor sich hin und es wird genauso wie beim flachen Atmen Energie verschwendet.

Bewusste Ernährung und tiefes Atmen sind überaus hilfreich auf dem Weg zu einem ausgewogenen Energiehaushalt sowie innerer und äußerer Harmonie. Ausgeglichenheit und Belastbarkeit sind für ein verständnisvolles Miteinander unerlässlich.

DIE ENERGIEZENTREN DES KÖRPERS

Das Geheimnis des Lebens liegt im Suchen
nach Schönheit und Harmonie

(Oscar Wilde)

Die Energiezentren des Körpers haben große Bedeutung für ein harmonisches Miteinander und Füreinander. Alles ist Schwingung, alles ist Energie! Der ganze Kosmos beruht darauf. Jedes Wort, jeder Gedanke, jede Handlung ist Energie, auch

Materie
Licht
Ton und jede
Empfindung.

ENERGIEZENTREN ODER CHAKREN

Eine Vielzahl emotionaler, geistiger und spiritueller Kräfte und Energien beleben unseren physischen Körper. Ihr Zusammenspiel bildet unser eigentliches Wesen und unsere Persönlichkeit. Ohne diese energetische Struktur könnten wir nicht denken, nicht empfinden, nicht handeln, ja nicht einmal unser physischer Körper könnte in der gegebenen Form existieren. Träger dieser Kräfte sind feinstoffliche Energiekörper, die unseren physischen Leib durchdringen und einhüllen. Es gibt vier solche Körper.

Der Ätherleib bildet das feinstoffliche Gegenstück zu unserem sichtbaren Körper, er enthält das energetische Grundmuster aller Manifestationen im physischen Leib und ist der Träger der vitalen Lebenskraft sowie der physischen Empfindungen.

Der Emotionalkörper, auch Astralleib genannt, dient als Träger unserer Gefühle, Emotionen und Charaktereigenschaften.

Der Mentalkörper trägt unsere Gedanken und Ideen und auch unsere rationalen wie intuitiven Erkenntnisse.

Der spirituelle Körper, auch Kausalkörper genannt, verbindet uns mit dem reinen göttlichen Sein und stellt den höchsten Aspekt unseres Daseins dar.

Jeder dieser Körper besitzt ein eigenes, energetisches Grundschwingungsmuster, wobei der Ätherleib die niedrigsten und der spirituelle Körper die höchsten Frequenzen aufweist. Zentrale Punkte in diesem Energiesystem bilden die Energiezentren, die Chakren, die im Ätherleib liegen.

Das Wort Chakra stammt aus dem altindischen Sanskrit und bedeutet Rad. Manche Menschen erkennen diese Zentren als sich drehende Energiewirbeln.

Die Chakren dienen als Empfangsstation, Transformatoren und Verteiler der verschiedenen Energieformen. Sie nehmen aus der Natur, aus der Erde und dem nicht manifestierten Urgrund allen Seins Lebensenergie auf. Diese wird in Frequenzen transformiert, die vom physischen Leib für seine Funktion benötigt werden. Die Chakren strahlen aber auch Energie aus.

Es werden sieben Hauptchakren unterschieden. Jedes Chakra schwingt in einer besonderen Grundfarbe und steht mit bestimmten Organen und Körperbereichen in Verbindung. Die sieben Hauptchakren entsprechen den sieben Hauptdrüsen des endokrinen Systems.

Die Chakren steuern außerdem spezielle Aspekte des menschlichen Verhaltens. Wenn wir zentriert sind und unser Energiepotenzial durch bewusstes Angeschlossensein an die Urkraft hoch ist, dann arbeiten die Chakren harmonisch. Dies wirkt sich auf die Organe und Drüsen überaus positiv aus.

Bei Ärger, Angst und Stress sowie nicht bewältigten, verdrängten Problemen rotieren die Chakren zu schnell oder zu langsam. Die Folge ist eine Störung in der Energieversorgung. Dies führt zu Disharmonien im inneren und äußeren Bereich.

DAS ERSTE CHAKRA ODER WURZELCHAKRA

Es öffnet sich vom Steißbein aus wie ein Trichter nach unten. Wenn dieses Energiezentrum in Harmonie ist, so haben wir einen guten Kontakt zur Erde, wir spüren unsere Erdverbundenheit. Es bewirkt ein „Ja" zum Leben und ein „Ja" zur Sexualität; innere Kraft und innere Stabilität ist wahrnehmbar sowie Zufriedenheit und ein unerschütterliches Urvertrauen. Wir fühlen eine tiefe Verbundenheit mit der Erde und allen ihren Geschöpfen.

Wenn die Harmonie in diesem Chakra gestört ist, dann gibt es verschiedene Möglichkeiten, um diese wieder herzustellen.

Als begeisterte Biologin ist es für mich immer wieder faszinierend, meine Energiezentren, meine Chakren über bewusste Naturbetrachtung und Naturerleben zu aktivieren, zu stärken und zu harmonisieren.

Ich trage dann ein bestimmtes Bild und ein bestimmtes Empfinden in mir und kann beides bei schlechtem Wetter oder wenn die Zeit nicht ausreicht um mich länger draußen aufzuhalten, als innere Wahrnehmung aufleben lassen. Die mentale Vorstellung hat eine sofortige positive und stärkende Wirkung.

Wenn unsere Chakren mit ausreichender Energie versorgt sind, dann bewirkt dies nicht nur ein gesundheitliches Wohlbefinden, volle Tatenkraft und Lebensfreude, sondern auch Harmonie mit mir selbst und meiner Umwelt.

WIE KANN MAN DAS WURZELCHAKRA IN HARMONIE BRINGEN?

- Ich stelle mir in diesem Fall eine untergehende Sonne vor, eine glutrote Sonne. Wir haben alle schon einmal einen unvergesslichen Sonnenuntergang erlebt. Sobald wir ein entsprechendes Bild vor dem geistigen Auge aufsteigen und eine Weile in uns wirken lassen, stärken wir unser erstes Chakra. Fühlen Sie sich so ganz hinein und genießen Sie diese innere Wahrnehmung.

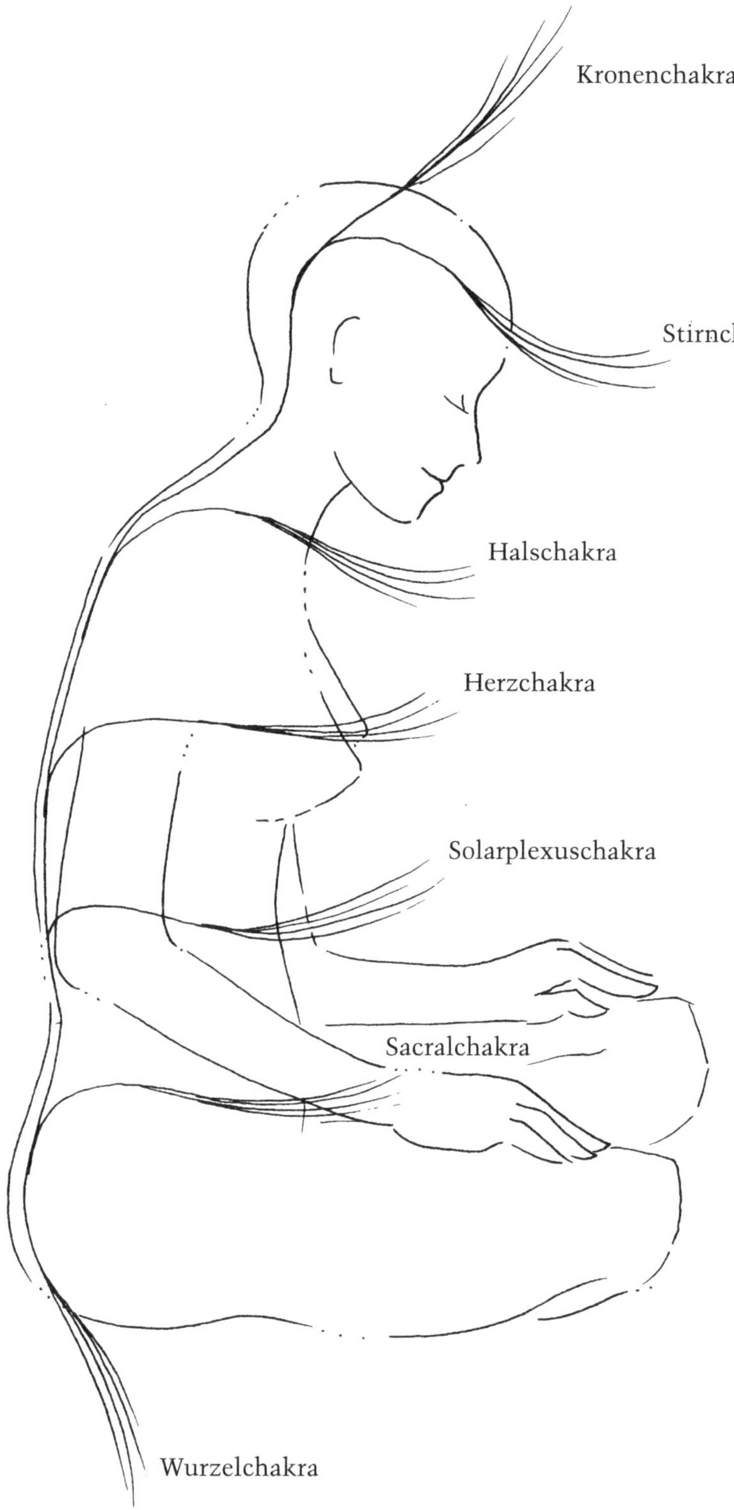
Kronenchakra
Stirnchakra
Halschakra
Herzchakra
Solarplexuschakra
Sacralchakra
Wurzelchakra

- Gehen Sie so oft wie möglich hinaus in die Natur. Wann immer es Ihre Zeit erlaubt, suchen Sie einen Platz auf, an dem Sie einen Sonnenuntergang erleben können. Wer dies einmal in Ägypten am Nil erlebt hat, vergisst dieses Bild nie mehr. Für die grauen Wintermonate können wir aber auch ein schönes Foto, ein Poster von einem solchen Naturschauspiel aufhängen und in Ruhe betrachten.
- Es ist auch hilfreich bewusst in das Wurzelchakra hineinzuatmen und uns eine Weile entspannt daraufhin konzentrieren. Eine weitere Möglichkeit besteht darin, ein Buntpapierheft zu besorgen und das Blatt mit der Farbe rot zu betrachten.
- Lassen Sie rot in sich wirken, bis Sie intuitiv wahrnehmen, dass Sie ausreichend davon aufgenommen haben. Unsere innere Weisheit ist immer wieder in jeder Hinsicht der kompetenteste Berater. Sobald Sie in sich hineinfühlen, wissen Sie, wann es genug ist. Sie erhalten auf diese Weise niemals zu wenig Farbenergie und auch niemals zu viel.
- Wenn Sie Duftöle lieben, so verwenden Sie Nelke und Zeder. Auch eine Sommernachtstimmung mit Grillengezirpe aktiviert das erste Chakra.

Blockaden entstehen durch ein Leben gegen die Natur oder durch Missbrauch von Sexualität.

DAS ZWEITE CHAKRA ODER SACRALCHAKRA

Es liegt eine Handbreit unter dem Nabel und öffnet sich nach vorne. Wenn dieses Zentrum harmonisch arbeitet, so stehen wir anderen Menschen, vor allem dem anderen Geschlecht, offen und natürlich gegenüber. Es ist ein harmonischer Fluss in Körper und Seele spürbar. Das Leben erfüllt uns mit Staunen und Begeisterung. Die sexuelle Vereinigung mit einem geliebten Menschen bringt tiefe Harmonie.

WIE KANN MAN DAS SACRALCHAKRA IN HARMONIE BRINGEN?

- Wir können es durch den Anblick von klarem Wasser aktivieren. Wenn wir eine Weile vor einem schönen Wasserfall sitzen oder in einen reinen Gebirgsbach schauen, so entsteht ein Wohlgefühl im Sacralchakra.

- Ein Spaziergang im Mondenschein oder eine Meditation bei aufgehender Sonne bewirken ebenfalls eine Stärkung in diesem Zentrum.
- Prägen Sie sich solche Bilder bewusst tief ein. Sie können diese dann bei Bedarf jederzeit in sich aufleben lassen.
- Auch die Vorstellung in einem Orangenhain zu sitzen und ein leuchtendes Orange zu genießen, ist hilfreich. Ich habe mir diesen Eindruck aus Sizilien mitgenommen.
- Die aktivierenden Öle sind YlangYlang und Sandelholz. Wassergeräusche wie Bachgeriesel oder eine Meeresbrandung beleben das zweite Chakra.

Blockiert wird dieses Zentrum durch Drogen und ein Übermaß an Alkohol.

Krankhafte Karrieresucht und ein überstarkes Ego können ebenfalls Blockaden im Sacralchakra verursachen.

DAS DRITTE ODER SOLAR PLEXUS-CHAKRA

Es liegt zwei Finger breit oberhalb des Nabels und öffnet sich nach vorne. Über dieses Zentrum nehmen wir Sonnenenergie auf. Wenn es harmonisch agiert, so ist Ausgewogenheit in allen zwischenmenschlichen Beziehungen spürbar. Es besteht die Fähigkeit, dauerhafte Verbindungen einzugehen und eine innere Harmonie mit uns selbst ist jederzeit spürbar.

Wir nehmen uns mit unserem ganzen Wesen an und sind auch bereit, andere so anzunehmen, wie sie sind. Wir strahlen stets Lebensfreude und Helligkeit aus.

WIE KANN MAN DAS SOLAR PLEXUS-CHAKRA IN HARMONIE BRINGEN?

- Wenn wir eine Weile in einem blühenden Raps- oder Sonnenblumenfeld stehen, so tanken wir auf. Das ganze Jahr über können wir dann in Gedanken in einem warmen Goldgelb baden.

– Lavendel und Rosmarin aktivieren und harmonisieren dieses Chakra ebenfalls. Auch ein leises Vogelgezwitscher belebt dieses Zentrum.

Sowohl übertriebenes Fasten wie ein Übermaß an Essen wirken blockierend. Disharmonie im Solar Plexus-Chakra wird aber auch durch übertriebenes Interesse und übertriebenes Festhalten an Geld hervorgerufen.

DAS VIERTE CHAKRA ODER HERZCHAKRA

Es öffnet sich nach vorne und hat seinen Sitz in der Mitte der Brust. Es wird durch die Farben Rosa und Grün aktiviert und ist das Zentrum der bedingungslosen Liebe. Wenn dieses Chakra harmonisch arbeitet, so spürt man ein vollkommenes Ja zu sich selbst und ein ebensolches zu anderen.

Sobald wir fähig sind, uns ganz anzunehmen und bedingungslos zu lieben, so kann uns dies grundlegend wandeln und heilen. Ein sich selbst ausnahmsloses Akzeptieren ist die Voraussetzung für erfüllende Liebe zu anderen Menschen. Wir sind dann von tiefer Lebensfreude erfüllt. Das Einfühlungsvermögen wird auch im Bereich Natur und Kunst tiefer und inniger. Wir strahlen natürliche Wärme, Herzlichkeit und Fröhlichkeit aus. Bei allem, was wir tun, sind wir mit dem ganzen Herzen dabei. Das Gefühl der Lebendigkeit wird ganz groß.

WIE KANN MAN DAS HERZCHAKRA IN HARMONIE BRINGEN?

– Jeder stille Spaziergang in einem grünen, ruhigen Wald, in Flussauen und Naturschutzgebieten führt dazu.
– Der Aufenthalt in einem blühenden Pfirsichhain oder die bewusste Betrachtung einer schönen rosa Blume bewirkt ebenfalls Stärkung und Ausgleich in diesem vierten Chakra.
– Wenn Ihnen das Visualisieren leicht fällt, dann können Sie die Energie, die Schwingung und die gesamte Atmosphäre eines solchen eben beschriebenen Aufenthalts in der Natur in sich speichern und jederzeit mental

aktivieren und genießen. Falls Ihnen dies nicht so leicht gelingt, dann besorgen Sie sich schöne Fotos, Poster oder gemalte Bilder. Nehmen Sie sich genug Zeit, um davor zu meditieren.
– Die Methode mit dem Buntpapier und das Hineinatmen ist natürlich ebenfalls, wie bei allen anderen Chakren, jederzeit hilfreich.
– Wollen Sie den diesem Chakra entsprechenden Duft einsetzen, dann verwenden Sie das Öl der Rose. Eine Morgenstimmung mit Vogelkonzert belebt ebenfalls.

Das Herzchakra wird durch Ängste, zu starke Bindungen an Personen oder Dinge und schwerwiegende Probleme mit den Eltern blockiert. Ich werde später noch näher auf diese Probleme eingehen.

DAS FÜNFTE CHAKRA ODER HALSCHAKRA

Es liegt zwischen Halsgrube und Kehlkopf und öffnet sich nach vorne. Die diesem Chakra entsprechende Farbe ist hellblau bis silbrigblau. Ist dieses Zentrum in Harmonie, so besteht eine gute Ausdrucksfähigkeit und Kommunikation. Wir offenbaren ohne Furcht und Bedenken Gefühle, Gedanken und innere Erkenntnisse. Wir haben keine Probleme, unsere Schwächen zuzugeben und unsere Stärken zu zeigen und zu leben. Die Haltung ist aufrecht, und wir bringen unsere Kreativität voll zum Ausdruck. Wir spüren intuitiv, wann es Zeit ist, zu schweigen und ebenso, wann es Zeit ist, zu reden. Wenn wir uns anderen zuwenden, so hören wir vor allem mit dem Herzen zu und entwickeln eine klare und fantasievolle Sprache.

Die Stimme ist wohlklingend und voll innerer Weite. Für Sänger, Sprecher und Pädagogen ist ein ausgewogenes Halschakra besonders wichtig.

WIE KANN MAN DAS HALSCHAKRA IN HARMONIE BRINGEN?

– Über die Natur beleben wir das fünfte Energiezentrum, indem wir in einen wolkenlosen hellblauen Sommerhimmel schauen und bewusst in der

Betrachtung versinken. Auch das silbrig blaue Glitzern, das wir manchmal an einem Bergsee oder auch am Meer beobachten können, bringt eine Belebung des Halschakras.
- Salbei und Eukalyptus tun dem fünften Energiezentrum sehr gut.
- Das leise Rauschen des Windes ist ebenfalls hilfreich.

Blockierend wirken auf dieses Zentrum Schuldgefühle, Sarkasmus, Ironie und Minderwertigkeitsgefühle.

DAS SECHSTE ZENTRUM ODER STIRNCHAKRA

Es liegt in der Mitte der Stirn und öffnet sich nach vorne. Indigoblau wirkt auf dieses Chakra stärkend.

Menschen mit einem harmonisch funktionierenden sechsten Chakra besitzen gute Intuition. Sie können die Grenzen des rationalen Verstandes jederzeit überschreiten und zeigen ein besonderes Gefühl für die gesamte Schöpfung mit ihren unermesslichen Ausdrucksformen.

WIE KANN MAN DAS STIRNCHAKRA IN HARMONIE BRINGEN?

- Der Anblick eines tiefblauen, von Sternen übersäten Nachthimmels führt zu einer Harmonisierung. Minze und Jasmin stärken dieses Stirnchakra.
- Die Geräusche in einem Regenwald beleben ebenfalls.

Blockiert wird es durch nicht verzeihen „können" oder wollen, häufige Aggressivität und starken Egoismus.

DAS SIEBENTE ZENTRUM ODER KRONENCHAKRA

Es wird auch Scheitelzentrum genannt, befindet sich oberhalb des Scheitels und öffnet sich nach oben. Ist es in Harmonie, so ist das Bewusstsein still und weit. Ein Gefühl von Erfüllung in allen Lebensbereichen wird spürbar.

Die Verbundenheit mit der einen höchsten göttlichen Kraft ist tief und innig. Das Licht, das ein Mensch ausstrahlt, öffnet jedes Herz. Man steht selbst in Extremsituationen über den Dingen. All dies ist für ein harmonisches Miteinander überaus hilfreich.

WIE KANN MAN DAS KRONENCHAKRA IN HARMONIE BRINGEN?

- Wenn wir ruhig und besonnen auf dem Gipfel eines Berges stehen und die Stimmung genießen, so aktivieren wir das siebente Chakra. Ich empfehle Ihnen, einen hohe Berg zu besteigen, um dieses Gefühl so voll und ganz zu erfassen. Als ich vor einiger Zeit den Sonnblick im Salzburgerland in Österreich erklommen hatte, war ein überwältigendes Gefühl in mir spürbar. Die Weite in mir war grenzenlos. Eine unbeschreibliche Freude, Erhabenheit und auch Demut erfüllte mich. Ich war eins mit dem Universum, eins mit der Kraft. Jeden Morgen lasse ich dieses Empfinden in mir aufleben. Ich gehe in die Kraft und genieße die wunderbare innere, seelische Weite und Größe.
- Das Öl der Lotusblüte stärkt das Scheitelchakra. Die Lotusblüte ist ein Symbol für Schönheit und spirituelle Vollendung. Sie öffnet ihre Blüte erst, wenn sie sich über den Schlamm erhoben hat.
- Die Farben Weiß und Violett bewirken eine Stärkung. Eine friedliche Morgenstimmung und ein warmer Sommerregen beleben ebenfalls.

Blockierend wirken Zweifel an dem Bestehen einer höchsten Kraft oder ein Ablehnen dieser höchsten Intelligenz.

DIE BEDEUTUNG DER FARBEN

Die Bedeutung der Farben und ihre positive Wirkung für Körper und Seele ist hoch einzuschätzen. Schon während meines Biologiestudiums habe ich mich intensiv mit der Energie der verschiedenen Farben beschäftigt. Vorlesungen und praktische Übungen zum Thema Mineraloptik waren ausschlaggebend dafür. Später habe ich während meiner Ausbildung und Fortbildung an einer internationalen Akademie, aber auch durch Seminare bei amerikanischen Ärzten weitere Kenntnisse erworben.

Seit sieben Jahren setze ich mentale Farbübungen bei der Lösung von energetischen Blockaden, sowohl bei mir selbst wie auch bei Seminaren und Beratungen ein. Immer wieder bin ich begeistert und verblüfft, wenn ich merke, wie Klienten über ihre Intuition sehr rasch erfassen, welche Farbe nötig ist, um eine bestimmte negative Energie, die sich während einer Disharmonie im Körper eingelagert hat, aufzulösen.

Durch Konzentration auf ihren Körper und ein Gespräch von Seele zu Seele können Sie erfassen, in welchem Organ sich eine Blockade ergeben hat und welche Farbenergie gewünscht wird, um eben diese unwirksam zu machen. Die innere Weisheit sagt uns Bescheid, wenn genug davon in einen bestimmten Teil des Körpers geflossen ist.

Man spürt meist schon nach einigen Minuten der Konzentration und mentalem Einwirken-Lassens, Erleichterung, Lockerheit und Wohlbefinden. Diese Methode unterstützt alle medizinischen Behandlungen, da die Heilkraft wieder frei fließen kann. Sobald Blockaden gelöst sind, ist auch jede Kommunikation wieder harmonischer und stimmiger.

Eine Reihe von Ärzten, mit denen ich zusammenarbeite, hat die Wirkung von Farbmeditationen bereits am eigenen Leib als überaus wohltuend erkannt. Da wir alle unseren inneren Berater stets bei uns haben, gibt es kein Zuviel und kein Zuwenig.

DIE WIRKUNG DER FARBEN

1. ROT

Rot ist die aktivierendste Farbe, in stimmigem Maß verwendet, stärkt es die Organe und die körperlichen Vorgänge, erhöht die Reaktionsfähigkeit und die Vitalität. Wenn uns eine Auseinandersetzung Kraft gekostet hat, so wünscht sich ein bestimmtes Organ die Farbe Rot. Es meldet sich der Teil des Körpers, in dem sich negative Energie, die z. B. während eines Streites entstanden ist, eingelagert hat.

2. ORANGE

Orange aktiviert ebenfalls, es wärmt, löst Depressionen, stärkt das Selbstbewusstsein, den Tatendrang und die kreative Ausdruckskraft. Wurde bei einer Disharmonie das Selbstbewusstsein geschwächt, so wünscht sich ein Organ Orange. Fragen Sie Ihren Körper nach so einem Vorfall wie einen Freund: Wo hat sich negative Energie eingelagert? Er antwortet, sobald Sie sich entspannt und gelassen auf ihn einstellen. Sie spüren plötzlich einen Druck oder ein Ziehen oder wissen einfach, welches Organ betroffen ist.

3. GELB

Gelb ist die Farbe der menschlichen Wärme. Oft erwarten wir von jemandem Verständnis und Einfühlungsvermögen. Wenn dies nicht gespendet wird, so schwingt negative Energie im Raum und lagert sich im Herzen oder einem anderen Bereich ein. In diesem Fall wird Gelb als Wunschfarbe ins Bewusstsein treten.

Gelb fördert auch den Ideenreichtum und unsere gedankliche Wendigkeit, unterstützt die mentale Kreativität, die Arbeitslust und Lernfähigkeit. Wenn wir unseren Kindern ein Sonnenblumenbild über den Schreibtisch hängen, so hat dies eine sehr positive Wirkung. Bei Lustlosigkeit und mangelndem Ehrgeiz kann Gelb viel bewirken.

4. GRÜN

Grün fördert die Herzlichkeit, die Ausgewogenheit und innere Ruhe. Grün ist die Farbe der Zufriedenheit und der Heilung, es stärkt den Sehpurpur nach langer Arbeit am Computer oder langem Fernsehen und hilft bei Erschöpfungszuständen und Ungeduld. Wenn dort oder da Herzlichkeit gefehlt hat, so braucht ein Teil des Körpers grün. Meist meldet sich das Herz.

5. BLAU

Blau ist die Farbe der Harmonie, Blau hilft bei Nervosität, Verspannungen und Schlafstörungen, wir finden durch Blau wieder unsere Mitte. Immer wieder erfahre ich von meinen Klienten, wenn wir mental eine schon lange andauernde Disharmonie im seelischen Bereich gelöst haben, dass das betroffene Organ blau wünscht. Manchmal genügen einige Minuten, ein anderes Mal weiß man, dass man diese Farbe auch in den folgenden Tagen in Gedanken mehrmals einwirken lassen sollte, um einen Druck endgültig aufzulösen. Achten Sie stets auf konzentrierte Entspannung. Wenn die Gedanken herumwandern, so geschieht nichts.

Üben Sie Gedankenlaser, nur so haben Sie Erfolg. Sobald wir zerstreut sind, ist keine Wirkung spürbar.

Die Kraft der Gedanken ist nur dann wirksam und so stark wie Dynamit, wenn wir voll und ganz bei der Sache sind.

6. VIOLETT

Violett ist die Farbe der Nächstenliebe, Humanität und Geistigkeit. Wenn es darum geht, scheinbar Unverzeihliches zu vergeben, so wird meistens Violett gewünscht. Die gleiche Wirkung hat Weiß. Auch Weiß löst alte dunkle Energie, die sich dereinst im Körper niedergeschlagen hat mehr und mehr auf.

Die Bereitschaft, zu verzeihen, und die Farbe Violett oder Weiß lösen Lasten auf, die wir oft jahrelang mit uns herumgetragen haben.

7. TÜRKIS

Manchmal wird Türkis gewünscht. Türkis erfrischt, unterstützt einen klaren sprachlichen Ausdruck und eine echte, ehrliche Verständigung. Nach einer Unehrlichkeit wird häufig Türkis vom Körper verlangt.

8. BRAUN

Braun wird eher selten gewünscht, es ist die Farbe der Geborgenheit. Nach sehr unruhigen Phasen in einer Beziehung hilft es, die innere Ruhe wieder zu gewinnen.

9. ROSA

Rosa hat eine ähnliche Wirkung wie Grün. Es ist die Farbe der Nächstenliebe. Es hilft uns, größere Fürsorglichkeit zu entwickeln und Liebe zu schenken, ohne Gegenliebe zu erwarten.

10. SCHWARZ

Schwarz bedeutet, dass durch eine starke Blockade und innere Dunkelheit ein momentaner Lebensstillstand eingetreten ist.

Falls bei einer Befragung des Körpers Schwarz erscheint, dann erkundigen Sie sich nochmals und zwar folgendermaßen:

> *„Welche Heilfarbe brauchst du, um diese dunkle Energie aufzulösen?“*

Haben Sie etwas Geduld. Nach kurzer Zeit sagt Ihnen Ihre innere Stimme Bescheid. In diesem Fall dauert es meist etwas länger (10

Minuten oder eine Viertelstunde) bis eine Erleichterung in dem betreffenden Organ wahrnehmbar wird.

Auch wenn einmal grau erscheint, fragen Sie weiter nach. Es ist indifferent und bewirkt nichts.

11. GOLD

Gold symbolisiert die göttliche Kraft, bringt Lebensmut, wirkt besonders heilsam und stärkt das Selbstwertgefühl.

Irren ist menschlich, Verzeihen ist göttlich.
(Jean Paul Sartre)

ENERGIE UND HARMONIE DURCH CHARISMATRAINING

Die Entfaltung eines starken positiven Charismas ist einer der sichersten Wege zu einem erfolgreichen Miteinander im beruflichen und privaten Leben

Laut einer internationalen Studie kommt es z. B. bei Erfolg im Berufsleben nicht so sehr auf das Produkt an, das jemand anbietet. Es gibt meist so viele annähernd gleich gute auf dem Markt. Es kommt auf den Menschen an, auf sein Charisma und seine Souveränität, aber auch auf seine Fähigkeit, ein harmonisches Miteinander zu leben. Souveränität hat nichts mit Stolz und Hochnäsigkeit zu tun. Es ist die Ausstrahlung eines Menschen, der weiß, dass er auf seine unverwechselbare Weise etwas zu bieten hat, was für bestimmte Menschen maßgeschneidert ist.

Über mentales Training und Intuitionstraining kann man ein starkes, wohltuendes Charisma erreichen. Das Kaizen-Prinzip, das Erfolgsprinzip der japanischen Wirtschaft ist dabei überaus hilfreich. Es bedeutet: Jeden Tag etwas besser und reifer, als ich selbst am Tag vorher war. Ein wohltuendes Charisma ist aber auch für eine erfüllende Partnerschaft und eine dauerhafte Liebesbeziehung eine notwendige Voraussetzung.

Der Ausdruck Charisma wird abgeleitet von Charis, der griechischen Göttin der Ausstrahlung. Wenn wir Charisma definieren wollen, dann ergibt sich als Bedeutung Widerschein inneren Feuers und Ausdruck unserer Lebenslust.

Schopenhauer meinte, wir sind das Produkt unserer Gedanken, daher sollten wir stets Gedankenkontrolle üben. Was ich von mir halte und wie ich mich fühle, beeinflusst mein Handeln und mein Sein. Mein Ich ist das Bild, das ich von mir in mir trage. Auch Anmut gehört dazu. Anmut ist der Ausdruck einer mit sich und in sich zufriedenen Seele. Pflegen Sie Ihr Charisma.

WÜRDE UND TAKTGEFÜHL

Ein charismatischer Mensch besitzt auch Würde und Taktgefühl. Er bewahrt Haltung in jeder Situation.

Würde bedeutet vornehme Gesinnung, nicht urteilen, nicht verurteilen, sondern wahrnehmen, immer wieder maßnehmen, wie der Schneider. Entscheidend ist, dass man sich stets achtet, dass man sich schätzt und liebt, dass man sich so annimmt, wie man ist oder noch ist, aber auch, dass die Bereitschaft da ist, an sich zu arbeiten. Wir alle sind ein Edelstein, wir sollten ihn polieren. Wenn wir es nicht selbst tun, dann wird von außen, vom Schicksal, an uns geschliffen.

Denken wir doch immer wieder daran, dass die Liebe zu uns selbst die Brücke zum Glück ist. Ich meine damit eine echte, bedingungslose Liebe. Schon in der Bibel steht, liebe deinen Nächsten wie dich selbst. Wir sollten uns selbst das Beste geben und immer wieder echt und authentisch sein, niemanden nachahmen und keine Rolle spielen.

Wenn wir unser Charisma verstärken wollen, dann ist es notwendig, uns auch über Taktgefühl Gedanken zu machen. Was ist Taktgefühl? Wenn einer einem Gestrauchelten ohne viel Aufhebens auf die Beine hilft.

Ich empfehle:

Reden, wenn es Zeit ist zu reden und schweigen, wenn es Zeit ist zu schweigen. Auch Gelassenheit ist notwendig, das heißt, dass wir jeden Augenblick zunächst einmal verstreichen lassen, ohne zu schreien, zu toben oder zu weinen, denn das ändert im Moment nichts. Nicht reagieren wie ein Kind, sondern agieren. Kurz in uns gehen, über unsere innere Weisheit erfassen, was zu tun ist, was zu sagen ist und was notwendig ist, um eine Not zu wenden, ist viel sinnvoller.

Ebner-Eschenbach hat einmal gemeint, Gelassenheit ist nicht Gleichgültigkeit, es ist eine anmutige Form des Selbstbewusstseins. Wir erleben sie oft bei lebenserfahrenen, alten Menschen. Entscheidend ist die innere Gelassenheit, keine Lässigkeit, diese Lässigkeit ist in schwierigen Situationen nicht aufrecht zu halten.

Wenn wir mit jemandem sprechen, so ist es empfehlenswert, ihm in die Augen zu schauen. Wir sollten Blickkontakt halten, einem anderen wohlwollend in die Augen sehen und ihm signalisieren, ich mag dich. Herzliche Menschen haben mehr Augenkontakt. Nicht runterschauen, das bewirkt ein Gefühl von Unterlegenheit, auch nicht hinaufschauen, das würde ein Gefühl der Überlegenheit ergeben. Wir wirken dann stolz. In einer Gruppe empfehle ich ruhig, von einem zum anderen sehen. Jeder einzelne fühlt sich dadurch angesprochen.

Wenn wir unser Charisma aktivieren wollen, dann sollten wir auch lernen, subkutan zu sprechen, subkutan zu telefonieren d. h. in Gedanken den anderen voll und ganz annehmen, ihm in Gedanken warm und herzlich zulächeln und energetisch liebevoll berühren.

PRÄSENT SEIN

Achten Sie bitte weiters auf Ihren Händedruck. Wenn wir einem anderen Menschen die Hand reichen, dann legen wir unser Herz für Sekunden oder Minuten in die Handfläche. Zwei Herzen treffen aufeinander. Beobachten Sie einmal, ob Sie dabei auch ganz präsent sind, ob Sie wirklich kommunizieren. Dieses Wort hat einen religiösen Ursprung.

Zuhören ist zu wenig. Es ist besser, gezielt hinzuhören, was ein anderer sagt, mit dem Herzen hinhören. Saint Exupéry meinte dereinst, das, worauf es wirklich ankommt, können wir nicht mit den Augen erfassen, auch nicht mit den Ohren, nur mit dem weit offenen Herzen.

Wenn Sie mit jemandem sprechen, dann versuchen Sie, den anderen energetisch zu erreichen. Weiten Sie sich aus und berühren Sie mit Ihrer Energie den Gesprächspartner. Wenn wir kurz wiederholen, was ein anderer gesagt hat, dann weiß er, dass wir bei der Sache sind. Beobachten Sie, ob Sie mit anderen reden oder neben ihnen. Stellen Sie sich mal vor, zwei Menschen befinden sich am Meer und betrachten einen

Sonnenuntergang. Er meint, ich wollte immer schon Maler werden, aber ich habe nie Zeit gehabt. Es wäre eine so schöne Beschäftigung. Ich möchte diesen Sonnenuntergang malen. Sie sagt, diese Stimmung, diese Leuchtkraft, ich bin tief beeindruckt. Scheinbar sprechen zwei Menschen miteinander, aber in Wahrheit bleibt jeder in seiner Welt.

CHARISMA DURCH ACHTSAMKEIT IM UMGANG MIT ANDEREN

Wenn Sie telefonieren, fragen Sie zunächst die Menschen, die Sie anrufen, ob sie auch wirklich Zeit haben, ob sie momentan zuhören können. Reden Sie nicht drauf los, keine Wortanästhesie, indem Sie den anderen nicht zu Wort kommen lassen. Lassen Sie den Gesprächspartner ausreden. Viele Menschen tun sich da äußerst schwer. Dies belastet auch viele Partnerschaften. Bemühen Sie sich, ein Gefühl für eine stimmige Hoheitszone zu bekommen, nicht in die Aura eines anderen hineindrängen, nicht einen anderen vereinnahmen.

SICHERHEIT UND BEGEISTERUNGSFÄHIGKEIT

Wenn Sie in jedem Miteinander Ruhe und Sicherheit ausstrahlen, strahlen Sie auch Vertrauen aus. Die Umwelt traut Ihnen mehr zu, Sie sind und wirken dann belastbarer. Bemühen Sie sich immer wieder, sich wirklich von niemandem und in keiner Situation aus der Mitte und von der Herzensebene wegbringen zu lassen. Denken Sie daran, dass das Leben ein Spiel ist und wir laufend durch diesen oder jenen Menschen getestet werden, wie weit wir schon sind, ob wir mit dieser oder jener Situation auch wirklich umgehen können.

Sobald wir unser Charisma optimieren, sollten wir auch einmal auf unsere Begeisterungsfähigkeit achten. Wollen wir Begeisterung in einem anderen wecken, dann müssen wir selbst zunächst einmal brennen. Begeisterung erwecken wir, sobald hinter jedem Wort, hinter jedem Blick, jeder Gestik und Mimik das ganze Herz schlägt, wenn wir in einer Sache so vollkommen aufgehen.

CHARISMA UND BESCHEIDENHEIT

Charismatische Menschen wirken häufig bescheiden. Bescheidenheit kommt von Bescheid wissen. Sie sind niemandem unterlegen aber auch niemandem überlegen. Sie stellen nicht ihr Licht unter den Scheffel, blasen sich aber auch nicht auf und sind stolz und eingebildet. Werden Sie unabhängig von Lob und Tadel und geben stets das für Sie Beste.

KEINE ANGST VOR FEHLERN

Ich empfehle Ihnen, die Angst vor Fehlern abzubauen. Jeder macht einmal Fehler, aus Fehlern wird man klug, drum ist einer nicht genug.

Wir alle haben Licht- und Schattenseiten, wir haben Stärken und Schwächen. Ärgern Sie sich nicht über Fehler, sondern lernen Sie daraus und seien Sie auch bereit, Verantwortung zu übernehmen. Das Maß an Verantwortung, das ein Mensch anzunehmen bereit ist, ist einer der wichtigsten Indikatoren, an denen sich seine Reife und Größe messen lässt.

CHARISMA UND EINKLANG – IM EINKLANG SCHWINGEN

Für ein liebevolles und stimmiges Miteinander ist es auch günstig, im Gleichklang mit anderen zu schwingen, d. h. uns bis zu einem gewissen Grad anzupassen ohne zu übertreiben und Menschen dort abzuholen, wo sie stehen. Wenn ich jemanden treffe, der eine sehr einfache Sprache hat, dann vermeide ich es, Fremdwörter zu verwenden. Wenn jemand sehr ruhig ist, dann drossle ich meine Gestik und Mimik, damit er leichter mit mir zurecht kommt. Merke ich, dass jemand sehr ernst ist, dann mach ich nicht dauernd Späße. Auf diese Weise finden wir schneller zueinander. Ein anderer gewinnt Vertrauen.

Was Charisma außerordentlich stört, ja sogar verhindert und zwischenmenschliche Beziehungen immens belastet, sind Arroganz, d. h. sich selbst viele Verdienste zuschreiben, anderen aber wenige zugestehen; auch Stolz, übertriebene Wertschätzung der eigenen Person und Überheblichkeit. Man schätzt sich selbst dann sehr hoch ein, andere aber gering. Ein weiteres Hindernis ist Eitelkeit. Man tut alles, um anerkannt und bewundert zu werden. Hüten Sie sich auch vor Verachtung. Man sieht in diesem Fall nur die Fehler und Schwächen der anderen und schaut auf sie herab.

Charismatraining ist ein überaus interessantes Spezialgebiet der Verhaltensforschung.

Ich habe mich in den letzten 25 Jahren sehr intensiv mit Charismatraining beschäftigt. Ich gebe meine Erfahrungen, die sich in meinem beruflichen und privaten Leben als überaus hilfreich erwiesen haben, immer wieder gerne an meine Seminarteilnehmer weiter.

Auf diese Weise wird aus so manchem Nebeneinander oder Gegeneinander ein sinnvolles Miteinander. Unter diesen Voraussetzungen ergeben sich ausschließlich konstruktive und zielführende Gespräche.

Durch das entsprechende Charismatraining entsteht ein dauerhafter Erfolg in allen Lebensbereichen.

Seminarteilnehmer lernen auch mental eine Erfolgsaura aufzubauen, mentale Werbung zu betreiben (die wirkungsvollste Werbung), die leere Kilometer und unstimmige Kontakte von vornherein ausschließt.

ENERGIE, HARMONIE UND EIN WOHLTUENDES CHARISMA DURCH MEDITATION

Meditation ist ein besonderer Weg zum eigenen Selbst. Die Zeit wird immer schnelllebiger und immer mehr Menschen werden vom Stress geplagt. Kaum jemand hat noch ausreichend Zeit für Ruhe und Muße. Die heilende Kraft der inneren Stille, die wir in solchen Momenten erfahren, ist in den Kulturen des fernen Ostens seit Jahrtausenden bekannt und gehört dort, wie das Essen, zum Tagesablauf. Erst jetzt, wo wir uns mehr und mehr mit dem Erforschen von Meditations- und Entspannungsmethoden beschäftigen, wird uns bewusst, wie viele Krankheiten nur dadurch entstehen, dass der innere Friede, das innere Gleichgewicht immer wieder gestört ist. Durch Meditation kommt es zu einer Kontaktaufnahme mit der Intuition, unserer inneren Stimme, dem sogenannten höheren Selbst, das uns über die Grenzen des Ichs hinausschauen lässt. In diesem Zustand, in dem wir uns und die Welt als Ganzheit erfahren, indem wir den Draht zum Kosmos, den Funken Gottes in uns spüren, liegt ein Gefühl unvergleichlicher Ruhe und Glückseligkeit.

Durch Meditation finden wir den Weg in uns, aber auch den Weg zur Einheit mit der Natur und mit dem Schöpfer wieder. Indem wir die Kluft, die entstanden war, wieder schließen, schaffen wir in uns Ordnung und Harmonie. Damit leben wir wieder im Gleichgewicht mit uns selbst und der Natur, die uns erschaffen hat.

WAS BEWIRKT MEDITATION?

Wir erfahren eine innere Ausgeglichenheit und Harmonie. Die Stoffwechselfunktionen normalisieren sind, Verspannungen lösen sich, Energiereserven werden aufgefüllt und ein Ungleichgewicht, wie Unruhe und Angst, oder niedriger oder hoher Blutdruck, können beseitigt werden. Gesundheitliche Prozesse werden nachweisbar positiv beeinflusst, Körper und Seele kultiviert und die Kreativität verfeinert.

In Amerika und in verschiedenen europäischen Ländern, wie z. B. Holland, wurden Beiträge privater Krankenkassen für Mitglieder um bis zu 30 % gesenkt, wenn diese eine regelmäßige Teilnahme an Meditationsveranstaltungen nachweisen können.

Regelmäßige Meditation hilft uns auch, anderen voller Mitgefühl beizustehen. Mitleid, das uns nur schwächt und auch unseren Mitmenschen keine Unterstützung bringt, löst sich mehr und mehr auf.

Wir gewinnen an innerer Stärke und können anderen die Hand reichen, um sie liebevoll zu begleiten, ohne selbst Energie zu verlieren.

Nehmen Sie sich Zeit für Meditation, denn:

Das Leben sollte keine Schnellstraße zwischen Wiege und Grab sein, sondern ein Platz zum Parken in der Sonne.

2. KAPITEL

INNERE SICHERHEIT UND HARMONIE

Die Blüte braucht Sonne
um Frucht zu werden.
Der Mensch braucht Liebe
um Mensch zu werden.
(Sprichwort)

Innere Sicherheit und Harmonie erhalten wir durch die stärkste Kraft des Universums, die universale Liebe. Wir leben am Beginn eines neuen Bewusstseinszeitalters, mitten in den Geburtswehen. Immer mehr Menschen suchen bessere Wege der Kommunikation und Möglichkeiten, um stabile liebevolle Beziehungen zu entwickeln. Irgendwann sollten wir uns alle die Frage stellen, was bedeutet das Wort Liebe für mich, was ist Liebe eigentlich und was ist sie nicht. Ich habe mich dies schon in meiner Schulzeit gefragt und viele Antworten gefunden.

Die wertvollsten Erkenntnisse zu diesem Thema habe ich gesammelt, durchdacht und so lange in mein Bewusstsein aufgenommen, bis sie tief in mir verankert waren. Ich will diese an Sie weitergeben und Sie ermuntern, darüber nachzudenken.

Es ist mir klar geworden, dass wahre Liebe eine Kraft ist, die die Welt verändern kann. Sie kann ein Herz heilen und Menschen verbinden, sie kann Hoffnung schenken, wenn keiner mehr daran glaubt. Liebe kann tiefe Freude schenken. Sie kann eine geballte harte Faust dazu bringen, sich zu öffnen. Sie kann auch Feindschaft überwinden und Gedankenlosigkeit beenden.

Goethe war der Meinung, dass diese Liebe Steine in Blumen verwandelt. *Benjamin Disraeli* verkündete immer wieder:

„Wir sind alle zum Lieben geboren", dies ist der Sinn unseres Seins und sein einziger Zweck.

Wir verdanken der Liebe viele schöne Gedichte und bezaubernde Melodien. Die meisten von uns verdanken der Liebe ihr Leben.

Wahre Liebe ist vor allem echte Zuneigung, echtes ehrliches Interesse am anderen, an seinem „so Sein".

ZUNEIGUNG IST EINE FÄHIGKEIT DES HERZENS

Zuneigung und Liebe sind ein gewaltiges Wunder unseres Herzens, das sich im Gefühl und im Empfinden, in der Schwingung des Geistes und im Zusammenspiel aller Sinne offenbart.

Das Wesen der Zuneigung und der echten Liebe liegt darin, nichts zu erwarten, nichts zu verlangen, nur das Herz zu zeigen und das Interesse am anderen, um dann bereit zu sein für das Wunder einer tiefen Begegnung und das Geheimnis der Liebe, die nur dann von Dauer sind, wenn sie von wahrer Liebe getragen werden.

Es ist mir im Laufe der Zeit immer mehr klar geworden, dass Liebe, die verlangt und fordert, die auf Recht und Gesetz pocht, nicht bestehen kann. Nur in Freiheit fühlt sich ein anderer gelöst und nur dann wird liebende Erwiderung geweckt.

Viele Menschen glauben zu lieben, zeigen aber nur Egoliebe, die Zwang auslöst und belastet. Sie zwingt einen anderen in eine Abhängigkeit. Sie ist eigentlich eine krankhafte Ich-Bezogenheit.

Wirkliche Liebe und Zuneigung sind ein faires und freies Angebot. Sie haben mit Forderung und Macht nichts zu tun.

Wenn Sie in sich gehen, werden Sie spüren, dass die freie und nicht erkaufte und nicht erzwungene Antwort auf Zuneigung beglückende Liebe ist, die den anderen als Geschenk und nicht als Besitz und Eigentum ansieht. Zuneigung ist eine zarte Form wirklicher Liebe. Alle Formen des Beherrschens eines anderen im Namen einer starken Sympathie sind Feinde der Zuneigung.

Bedenken Sie bitte auch, dass nichts verletzlicher und wehrloser ist, als gezeigte Zuneigung. Echte Zuneigung und wirkliche Liebe wollen niemals verführen. Sie wollen führen, strömen, verströmen, wollen heilen und wärmen.

Wirkliche Liebe führt zu erneuter Zuwendung in Partnerschaften, die schon lange bestehen. Die erneute Zuwendung ist wie das Tapezieren alter Räume und wie ein Streichen verrotteter Fenster. Diese Zuwendung, die aus echter Zuneigung entsteht, kann auch ein Gespräch in Gang bringen, wenn die Worte scheinbar längst im Belanglosen der verstaubten Tage stecken geblieben sind.

In der heutigen Zeit haben Verstand und Intellekt, Erfolg und Fortschritt sehr oft mehr Bedeutung als Zuwendung, Zuneigung und echte Liebe.

Tiefe innere Zufriedenheit können wir allerdings nur erreichen, wenn wir Herz und Gefühl wieder wahrnehmen. Wirkliche Liebe nimmt allen Dornen die verletzende Spitze, sie entwaffnet und bringt tiefen inneren Frieden.

WAS IST WAHRE LIEBE NOCH?

Sie ist ein Geben und Nehmen, ein über sich Hinauswachsen. Wahre Liebe ist ein Licht, das leuchtet und wohin es fällt, wird es heller, wärmer und ehrlicher. Liebe ist immer ein Geschenk und verwandelt alles, was von ihr berührt wird.

Echte Liebe kann wie frisches Wasser nach einer langen Trockenheit sein, wie ein Erfolg nach einer Durststrecke. Liebe kann Mut machen, einen neuen Anfang zu wagen. Liebe kann Menschen zusammenführen, die durch Vorurteile oder bittere Erfahrungen getrennt waren. Liebe kann Unmögliches möglich machen. Liebe öffnet Häuser und

Herzen. Entfernungen zwischen Menschen schmelzen. Unterschiede werden weniger wichtig.

Wirkliche Liebe hat einen langen Atem. Sie gibt nicht gleich bei einer Enttäuschung auf. Sie überdauert Abschied und Trennung, sie hat Bestand auch über weite Entfernung.

Liebe kann loslassen. Sie will nicht besitzen. Sie will immer das Beste für die geliebte Person. Liebe will den anderen niemals verletzen. Wirkliche Liebe ist rücksichtsvoll und zart. Liebe gibt dem anderen Raum zum Atmen und engt ihn nicht ein. Liebe lässt den anderen so, wie er ist, und gibt ihm zugleich die Möglichkeit zur Entfaltung und Veränderung. Liebe tastet die Freiheit des anderen niemals an, sie bevormundet ihn nicht und setzt ihn nicht unter Druck. Liebe hält den anderen nicht fest.

Oft schieben wir Liebe vor um etwas zu erreichen. Wie oft reden wir uns ein, aus Liebe zu handeln und handeln doch einzig und allein aus unserem Ego. Wie oft sehen wir uns als liebende Person, die von anderen enttäuscht wird. Immer wieder reden wir von Liebe:
„Ich will ja nur Dein Bestes“
„Ich tue das alles nur für Dich“, um das eigene Handeln zu rechtfertigen. Das alles hat mit Liebe nichts zu tun.

Liebe heißt fragen, was der andere wirklich braucht. Liebe heißt die Welt mit seinen Augen sehen, zu seinem Anwalt werden.

Wenn wir lieben, so fragen wir:
„Wie geht es Dir?“ und sind tatsächlich an einer Antwort interessiert. Liebe will den anderen kennen lernen, statt ihn zu verändern.

Die Liebe nimmt zu, wenn ich sie verschenke. Je mehr ich gebe, desto mehr Liebe fließt in mich ein.

Wenn ich jedoch versuche, meine Liebe für mich zu behalten, so nimmt sie schnell ab. Je mehr ich sie fest halte, umso mehr zerrinnt sie mir zwischen den Fingern. Mit Liebe sollten wir alle freigiebig sein, wenn wir sie bewahren wollen.

Wirkliche Liebe bedeutet Zuwendung zu allen Lebewesen, auch zu Pflanzen und Tieren und bewirkt echte Liebesfähigkeit. Diese Liebesfähigkeit sollen wir täglich pflegen!

Wenn diese Liebesfähigkeit fehlt, sind wir trotz großer Güter nicht glücklich. Wirkliche Liebe zu leben, ist auch nur dann möglich, wenn wir unsere Sensitivität pflegen und sie nicht verkümmern lassen. Bei vielen Menschen der heutigen Zeit kreisen die Gedanken ständig um Erfolg, Leistung und Konsum. Es besteht die Gefahr der Eintönigkeit und Abgestumpftheit.

Wir können diese Sensitivität in der Natur wiedergewinnen. Denken wir an einen Spaziergang in einer unberührten Natur, in einem Wald, auf einem Berg oder am Meer. Wir spüren diese Sensitivität aber auch, wenn wir im Anblick einer schönen Blume, eines blühenden Baumes oder eines rauschenden Baches versinken. Wenn wir unsere Empfindsamkeit pflegen wollen, so ist auch harmonische Musik, die uns anspricht, oder das Lesen von Gedichten, die die Seele berühren, zu empfehlen. Tauchen wir doch einmal so ganz ein in Musik oder in schöne Texte. Wir können einzelne Zeilen lesen und dazwischen immer wieder einmal die Augen schließen, um die Worte wirken zu lassen. Beobachten wir dabei, was sich in uns regt und bewegt.

Eine andere Möglichkeit um die eigene Empfindsamkeit zu prüfen, ist das Aufnehmen der Sätze auf ein Tonband. Wenn man den Text hört und auf sich wirken lässt, nimmt man die Intensität der eigenen Sensitivität noch besser wahr. Sensitivität bedeutet Einfühlsamkeit und Empfindsamkeit und ist für jede zwischenmenschliche Beziehung von großer Bedeutung.

Die nun folgenden Zeilen dienen dazu, die eigene Sensitivität zu prüfen und wenn nötig, neu zu entwickeln und zu pflegen.

Als ich 13 Jahre alt war, schrieb ich einen Bericht über einen Spaziergang im Herbst. Damals spürte ich, wie sich eine tiefe Liebe in mir zu entfalten begann, eine allumfassende Liebe.

Entspannen Sie sich und lassen Sie sich für den folgenden Bericht Zeit. Lassen Sie die Worte und Sätze auf sich wirken.

HERBSTSPAZIERGANG

Langsam beginnt die Natur mit ihren Vorbereitungen für einen langen Schlaf, für den Winter. Das Wachstum, das Sprießen und Keimen hört auf. All die Kraft, die die Bäume im Sommer hatten, schwindet allmählich dahin und die grünen Blätter werden hart und braun. Leise raschelt der Wind in den Zweigen über mir und hie und da tanzt eines langsam herab zur Erde. Ich schreite über einen weichen Teppich, den die Natur vor mir ausgebreitet hat. Es ist ein Teppich, so bunt und schön wie ihn keine Menschenhand zustande bringt. Ich bücke mich und hebe das Blatt einer Linde auf. Es ist gelb gefärbt, nur rund um die Hauptadern ist noch etwas vom Chlorophyll zu sehen. Ich lasse das Blatt fallen und ein Windstoß treibt es vor mir her. Nachdenklich setze ich meine Wanderung fort. Das dürre Gras knistert unter meinen Füßen, als ich so dahinschreite. Ach wie weise ist doch alles in der Natur eingerichtet, denke ich. Jede Pflanze, vom höchsten Baum bis zum unscheinbarsten Kräutlein, bereitet sich für den Winter vor.

Ich trete aus einer Au heraus. Während ich meine Blicke über die Felder schweifen lasse, erkenne ich einige Hasen, die über braune Erdschollen jagen. Lautes Geschrei in der Luft veranlasst mich, gegen den Himmel zu schauen. Ein Schwarm von Staren schwirrt über der Au. Es sind sehr viele, doch sie stoßen nicht aneinander. Sie bilden Figuren und Streifen. Ich bewundere dieses kleine Volk, bis es meinen Blicken entschwindet.

Nun komme ich an einem Ahornbaum vorbei. Die beflügelten Samenkörner wirbeln durch die Luft wie Propeller. Ich schaue einem Samen nach, er fällt vor mir in den nahen Bach. Dort nimmt ihn das Wasser auf und führt ihn fort. Der Wind hat seine Aufgabe verrichtet. Nun ist das Wasser an der Reihe. Es wird mir bewusst, wie tiefblau der Himmel ist. Die Sonne versucht der Erde noch all ihre Kraft zu schenken. Tiefer Friede liegt über der Landschaft, nur hin und wieder hör' ich einen Vogel zwitschern. Wie eine leise und schwermütige Melodie dringt das Rauschen der Baumwipfel und des Wassers an mein Ohr. Bald werden glitzernde Schneeflocken alles sanft und leise bedecken. Nur die zurückbleibenden Vögel singen der Natur gleichsam ein Schlummerlied, bis sie wieder zu neuem Leben, zu neuer Kraft und neuem Schaffen erwachen wird.

Wenn wir die eben gelesenen Worte noch eine Weile in uns nachwirken lassen, dann wird uns bewusst, ob die Sensitivität noch vorhanden ist, die wir als Kinder verspürten oder ob sie durch Stress und Druck des täglichen Lebens gelitten hat.

Echte, tiefe Liebesfähigkeit kann sich nur entwickeln und entfalten, wenn wir uns der gesamten Natur herzlich und voller Wärme zuwenden, wenn wir offen werden für all das Schöne und Wunderbare der Schöpfung.

Wir sollten diese Sensitivität und Liebesfähigkeit täglich pflegen und nicht verkümmern lassen. Ich bin meinem Vater sehr dankbar, dass er die Liebe zur Natur in mir geweckt hat und mir Achtsamkeit vorgelebt hat. Als Biologin habe ich 20 Jahre lang diese tiefe Liebe an meine Schüler weitergegeben. Wir gehen dann mit jedem Lebewesen behutsam um. Dieses Verhalten ist eine Grundvoraussetzung für ein harmonisches Miteinander in allen Lebensbereichen.

LEBENSLANGER ERFOLG

Durch Anwendung des geistigen Gesetzes der Liebe hat man lebenslangen Erfolg. Die Grundvoraussetzung für jedes stimmige Miteinander ist die Kenntnis der geistigen Gesetze. Diese Gesetze haben für alle Völker der Erde, für alle Menschen die gleiche Gültigkeit. Wenn wir sie nicht kennen, können wir sie nicht befolgen. Unser Leben ist in diesem Fall mit einem Schiff zu vergleichen, das ohne Steuermann auf den Wellen dahintreibt. Manchmal geht alles gut, aber sehr oft gibt es Schwierigkeiten.

Das geistige Grundgesetz des Homo sapiens ist das Gesetz der Liebe.

Es besagt, dass wir alle ein Leben lang bereit sein sollten, in diesem Bereich zu lernen. Es hilft uns vom „Liebe haben wollen", dieser kindlichen Form der Liebe, über das „Liebe geben und dafür etwas haben wollen" zum „Liebe sein" und „Liebe leben" zu kommen.

AUTONOM WERDEN UND BLEIBEN

So lange wir Liebe von außen unbedingt brauchen und im Außen suchen sind wir unfrei und immer wieder unzufrieden. Es ist ganz entscheidend für liebevolle und reife Beziehungen, zunächst einmal autonom zu werden. Es gibt eine Quelle, eine Quelle der Liebe, der universalen, alles heilenden und alles überwindenden Liebe. Diese Quelle steht jedem Menschen auf der Erde Tag und Nacht zur Verfügung. Diese Quelle ist die „Eine", die höchste Kraft, die höchste Intelligenz, die wir auch Gott nennen. Sobald ich mich öffne, dieser Kraft zuwende und bereit bin, Liebe, diese besondere Liebe, die uns erst so richtig zu Menschen macht, aufzunehmen, beginnt sie zu fließen.

DIE „EINE" KRAFT BEWUSST ERFASSEN

Für mich als Biologin gibt es keinen Zweifel daran, dass es eine übergeordnete, höhere Kraft geben muss, die ordnet und richtet.

Denken wir doch an einen Schmetterling und seine Entwicklung. Zunächst kriecht ein wurmartiges Gebilde dahin, entwickelt sich, wandelt sich und wird zu einem Wunder der Natur.

Auch die Entwicklung eines Menschen im Mutterleib ist so ein Wunder. Aus einem Chaos, d. h. einem Zellklumpen wird innerhalb von neun Monaten die Supermaschine Mensch. Jede Zelle rückt an die richtige Stelle, nimmt eine bestimmte Form an und bekommt eine ganz spezielle Funktion.

Auch der Aufbau eines Grashalmes, eines Baumstammes oder einer Blüte ist so faszinierend, dass man immer wieder nur staunen kann. Das kleinste Lebewesen ist durchdrungen von einer inneren Ordnung; ohne eine höchste Intelligenz, Schöpfergeist oder Gott, wie auch immer Sie diese Energie nennen wollen, wären wohl all diese Wunder der Natur nicht möglich. Wenn wir den Weg der Weisheit und Liebe gehen wollen, dann kommen wir nicht umhin auch einmal zu fragen: „Woher – wozu – wohin".

Ein Sprichwort besagt: *Im Schützengraben gibt es keine Atheisten.* Wir sollten nicht warten, bis wir ganz am Boden sind, bevor wir uns Gedanken machen über diese Thematik.

Dr. Kübler-Ross, die sich ein Leben lang mit der höheren Ordnung und dem Sinn des Daseins beschäftigt hat, meint: Wir alle kommen von der gleichen Kraft und kehren früher oder später wieder zu ihr zurück. Wir sind in die Unvollkommenheit gegangen um Vollkommenheit zu begreifen.

Religio bedeutet: Rückverbindung, zurück zum Ursprung, seelische Verbundenheit mit dem Ursprung.

Die gesamte Natur ist ein unendlich geteilter Gott.

(Friedrich v. Schiller)

OFFEN WERDEN, OFFEN BLEIBEN

Wenn wir offen bleiben und uns bewusst der höchsten Kraft zuwenden, werden wir von Tag zu Tag im wahrsten Sinne des Wortes liebevoller, Liebe erfüllt uns bis in die letzte Zelle. Wir sind durchdrungen von Liebe. Wir können diese Liebe weiterfließen lassen und andere Menschen grenzenlos beschenken.

Je mehr Liebe wir geben umso mehr Liebe fließt in uns ein. Wir werden niemals leer. Es ist ein wunderbares Gefühl, so von echter Liebe erfüllt zu sein, von bedingungsloser Liebe, von Liebe, die nichts erwartet und nichts verlangt. Natürlich ist es schön und sehr bereichernd, wenn uns Liebe auch im Außen zufließt, wenn man uns Wärme und Zärtlichkeit schenkt. Wir brauchen diese Liebe von anderen Menschen dann aber nicht so unbedingt. Wenn der Partner, die Kinder oder Freunde eine Zeit lang nichts geben können, weil es ihnen nicht gut geht oder sie Probleme haben, so suchen wir nicht verzweifelt nach Liebe und Zuwendung. Wir öffnen uns dann dieser besonderen höchsten Liebe und über unser weites Herz lassen wir Kraft zu den Menschen fließen, die mit uns und bei uns leben. Bedingungslose Liebe, die aus tiefstem Herzen kommt, ist das wertvollste Geschenk, das wir einem anderen Menschen machen können. Sie kann allerdings nur dann fühlbar werden, wenn wir uns selbst annehmen so wie wir sind bzw. noch sind. Behutsame Arbeit an uns selbst ist notwendig und wertvoll. Entscheidend ist die Liebe zu uns selbst. Sie ist die Brücke zum Glück, wie ich schon erklärt habe. Fehlt diese Selbstliebe, die nichts mit Egoismus zu tun hat, dann tun sich auch andere schwer mit uns. Schon in der Bibel steht: Liebe deinen Nächsten wie dich selbst. Viele Menschen lehnen sich bewusst oder unbewusst ab.

Lächeln Sie sich selbst ganz herzlich in einem Spiegel zu. Sagen Sie sich: ich liebe mich, ich schätze mich. Wenn Sie Probleme damit haben, dann versuchen Sie einmal die folgende

Übung:

- Ich schließe meine Augen und atme tief ein und tief wieder aus. Ruhig beobachte ich meinen Atem. Ich fühle, wie er einströmt und wieder ausströmt. Langsam werde ich ruhiger und ruhiger. Ich ziehe mich zurück in meine Mitte, in mein Zentrum. Nun ruhe ich in meiner Mitte.
- Über meinem Scheitel öffnet sich eine Blüte, eine Seerose oder eine Lotus-Blüte. Die Blüte öffnet sich ganz weit. Ich lasse von meinem Symbol für Urkraft bedingungslose Liebe, diese besondere Liebe, in die Blüte fließen. Wir überschreiten hier die Grenzen des Verstandes und lassen einfach geschehen. Die Blüte sammelt diese wunderbare, alles heilende Kraft und durch eine kleine gedachte Lücke im Scheitel fließt diese in den ganzen Körper weiter. Unendlich viel Liebe erfüllt jede einzelne Zelle. Das Herz wird allmählich zu einer strahlenden Sonne. Mit einem Strahl aus meinem Herzen, einem Strahl aus Licht und Liebe berühre ich das Herz jedes Menschen, dem ich begegne. Ich berühre, ohne irgendetwas zu erwarten, ohne irgendetwas zu wollen, einfach nur so.
- Tief in mir fühle ich Liebe, bedingungslose Liebe. Ich werde zur Sonne für andere, zur strahlenden Sonne. Ruhe und Friede breiten sich in mir aus. Ich bin Liebe. Wenn dieses Strahlen aus einem ehrlichen Herzen kommt, so werden wir auch von anderen geliebt und geschätzt.

Die Liebe hat so viele Gesichter, ist so vielfältig, dass wir sie nie ganz begreifen werden. Wir können sie jedoch in dem Maß mehr und mehr erfassen, je mehr wir zu Liebenden werden. Liebe versteht nur der, der in der Liebe ist. Wer die Liebe ganz begreift ist bei Gott angekommen, denn der Weg zu Gott ist die Liebe. Die wahre Liebe ist für jeden Menschen die größte Bereicherung in seinem Leben. Sie ist so notwendig für Glück und Wachstum, wie der Atem für unseren Körper.

Das Gesetz der Liebe lehrt uns, dass Liebe kein äußeres Tun ist, sondern eine grundlegende Änderung des Seins. Oft suchen wir verzweifelt nach Liebe im Außen, weil wir unfähig sind, uns selbst zu lieben. Einen Menschen zu lieben, heißt, sich selbst zu geben, dem anderen das Beste zu wünschen, ohne dafür etwas zurück haben zu wollen. Wir sagen oft „Ich liebe Dich", meinen aber „Ich brauche Dich". So lange ich einen anderen Menschen brauche, bin ich nicht frei und habe echte Liebe noch nicht kennen gelernt. Die Liebe zu uns selbst ist lebensnotwendig für unser Wachstum, so notwendig wie die Atemluft.

Wir sind nicht auf der Welt, um geliebt zu werden,
sondern um Liebende zu werden.

Ohne dieses Bewusstsein leben wir immer wieder in Kampf und Krampf, und Disharmonien machen uns das Leben schwer.

VERLIEBTHEIT UND LIEBE

Verliebtheit und Liebe sind so verschieden wie Blüte und Frucht. Verliebtheit kann für den Geliebten sehr bedrängend sein, oft erstickend und verlangt ständig Liebesbeweise. Der Verliebte will den Geliebten für sich alleine besitzen.

Wenn ich wirklich liebe, empfinde ich den Herzenswunsch, der andere möge glücklich sein. Ich bin bereit, alles dafür zu tun, ich gebe ihm Zeit, wenn er Zeit braucht, Freiheit, wenn er Freiheit braucht und Aufmerksamkeit, wenn er Aufmerksamkeit braucht. Ich liebe unabhängig davon ob meine Gefühle erwidert werden. Die Liebe ist Geben und Nehmen und beginnt immer mit dem Geben. Darin besteht das Geheimnis der Liebe. Viele Menschen haben Angst vor der Liebe. Angst, sich zu verlieren. Liebe ist jedoch der schnellste Weg, sich zu finden. Sie ist unser wahres Wesen. Wenn wir wirklich lieben und uns selbst nicht ausschließen, dann sind wir auch nicht unglücklich, wenn wir einmal allein sind. Wir begreifen dann, dass Alleinsein in seinem tiefen Sinn „mit dem All" einssein bedeutet. All einssein mit der Natur und allen Menschen, mit der einen Kraft und der Mutter Erde. Die Liebe ist eine kosmische Energie, die – wie die Atemluft – in alles einfließt, was sich ihr öffnet. Deshalb lässt sich die Liebe auch erleben, wenn man allein ist. Wir alle haben schon Augenblicke erlebt, wo wir ganz allein und offen waren, zum Beispiel in der Natur, und ein unbeschreibliches Glücksgefühl empfunden haben. Dieses Gefühl war Liebe. Um diese Liebesenergie zu empfangen, ist es nötig, sich ihr ganz weit zu öffnen und offen zu bleiben. Verschließen wir uns aus irgendeinem

Grund, dann ist die Liebe weg. Wollen wir zur Liebe zurückfinden, so ist es unumgänglich, uns wieder zu öffnen, auch wenn es uns manchmal schwer fällt.

Das Gesetz der Liebe lehrt uns auch, dass diese wahre, höchste Liebe alles durchdringen sollte, denn Pflicht ohne Liebe macht verdrießlich, Verantwortung ohne Liebe macht rücksichtslos, Gerechtigkeit ohne Liebe macht hart, Wahrheit ohne Liebe macht kritisch, Erziehung ohne Liebe macht rebellisch, Freundlichkeit ohne Liebe macht heuchlerisch, Sachkenntnis ohne Liebe macht rechthaberisch, Macht ohne Liebe macht gewalttätig, Ehre ohne Liebe macht hochmütig, Besitz ohne Liebe macht geizig und Glaube ohne Liebe macht fanatisch.

MENSCHLICHE WÄRME UND UNIVERSALE LIEBE GESTALTEN DAS RAUM- UND GESPRÄCHSKLIMA

Eine besondere und doch ganz einfache Übung ermöglicht es uns, jederzeit und überall ein liebevolles harmonisches Raumklima zu schaffen. In so einem Klima entstehen konstruktive Gespräche statt destruktive und man geht auch eher aufeinander ein. Auch manche Partnerschaft, in der nur mehr ein Nebeneinander spürbar ist, blüht wieder auf. Wie sollte man nun vorgehen?

Übung:

- Wenn Sie jeden Morgen, sobald Sie die Augen öffnen, zunächst Energie von Ihrem Symbol für Urkraft aufnehmen und sich zentrieren, wie im 1. Kapitel beschrieben, werden Sie von Tag zu Tag sicherer, stärker und ruhiger. Nach wenigen Minuten der Besinnung am Morgen merken Sie, dass Sie im Einklang sind. Im Einklang mit dem Universum und in der Kraft.
- Wenn Sie nun einen Raum betreten, so weiten Sie sich in Gedanken aus, erinnern Sie sich daran, dass Sie selbst ein Energiefeld sind, das sich ausbreiten kann und legen menschliche Wärme in dieses Bewusstsein.
- Sobald Sie spüren, dass sich diese Wärme im Raum verteilt, strahlen Sie Wohlwollen aus und schließlich Liebe, diese ganz besondere Liebe, die

eben nichts und niemanden ausschließt, diese universale Liebe. Sie erfüllen gedanklich den ganzen Raum mit Ihrer Liebe, lassen sie im Raum schwingen.

- In so einer von Ihnen gestalteten Atmosphäre fühlt sich jeder wohl, angenommen und geborgen. Selbst Pflanzen gedeihen besser und Haustiere fühlen sich merklich wohler.

Diese Übung bewährt sich bei geschäftlichen Besprechungen, Gerichtsverhandlungen, Vorträgen, Konferenzen, aber auch bei privaten Gesprächen. Es öffnen sich Türen, die vorher verschlossen waren, und es ergeben sich Wege, wo vorher keine sichtbar waren.

Ich gestalte auf diese Weise das Raumklima für alle meine Seminare. Schon einige Tage vor einem Termin lasse ich in Gedanken Wärme, Sicherheit und Liebe in den entsprechenden Raum fließen. Auf diese Weise ist von Anfang an ein wohltuendes Miteinander spürbar. Ich habe bei meinen zahlreichen Seminaren in den letzten zehn Jahren mit ganz unterschiedlichen Menschen niemals eine Disharmonie erlebt. Das Gestalten des Raumklimas hat sich bewährt. Es gibt immer wieder ruhige, offene und konstruktive Gespräche. Diese universale Liebe hat somit auch eine entscheidende Bedeutung für dauerhaften Erfolg im Beruf, in der Wirtschaft und in der Politik.

3. KAPITEL

WAHRE SELBSTERKENNTNIS

Wer andere erkennt, ist gelehrt.
Wer sich selbst erkennt, ist weise.

(Laotse)

Um in Harmonie mit uns und anderen zu leben, sollten wir in die Stille gehen, uns Zeit nehmen und uns selbst einmal kennen lernen. Fragen wir uns doch mal Folgendes: Was sind meine Stärken und meine Begabungen? Was bewundere ich an anderen Menschen? Das was ich bewundere, habe ich als Stärke in mir, ich habe es nur noch nicht oder zu wenig entwickelt. Es würde mir ein bestimmtes Verhalten, eine bestimmte Eigenschaft oder eine bestimmte Ausstrahlung nicht auffallen, ich würde sie nicht bemerken, wenn ich nicht resonanzfähig dafür wäre. Nach dem geistigen Gesetz der Resonanz bewundern wir nur das, was auch in uns vorhanden ist. Aus den Stärken sollten wir unseren besonderen Stil machen. Sobald wir auch angstfrei unsere Schwächen ansehen, so können wir sie mehr und mehr in Stärken verwandeln. Zunächst denken wir nach. Um auch das zu erfassen, was uns nicht bewusst ist und in uns schlummert, können wir die Intuition nützen.

Wie finden wir nun heraus, was in uns verborgen ist, was wir leben sollten und was unsere wahre Berufung ist? Solange wir unseren stimmigen Platz im Leben nicht gefunden haben und einnehmen, ist der freie Fluss der Liebe behindert. Wir sind dann noch nicht voll und ganz wir selbst. Es gibt für jeden Menschen, nach dem geistigen Gesetz vom Lebenszweck, einen ganz bestimmten Platz im Leben, den nur er wirklich voll und ganz ausfüllen kann. Unsere innere Weisheit hilft uns, diesen Platz zu finden, um glücklich und zufrieden im Leben zu stehen. Es fließt dann vollkommene Liebe in unser Tun. Wie können wir nun unsere innere Weisheit, unsere Intuition, nützen. Die Intuition ist unser geistiger Berater, der einzig wirklich kompetente Berater, der uns den Weg zu uns selbst und damit zu Liebe, Erfüllung und Erfolg zeigt. Wir erkennen mehr und mehr, wer wir sind und wie wir eigentlich gemeint sind.

SELBSTERKENNTNIS UND INTUITION

Einstein meinte: „Intuition ist alles!" Wie bekommen wir Zugang zu diesem Schatz in uns? Der Zugang ist jedem Menschen möglich. Es müssen allerdings die entsprechenden Voraussetzungen geschaffen werden. Wer bei seinem linearen, rationalen Denken bleibt, steht sich selbst im Weg.

Es gibt ein psychisch energetisches Informationsfeld, einen „Zentralcomputer". Über die Intuition schließen wir uns an und können so auch erfassen, was in Zukunft gebraucht bzw. gewünscht wird.

Der Verstand stützt sich auf Erfahrungen und kann mir in vielen Lebenslagen keine stimmige Antwort geben. Der Verstand bringt Argumente dafür und dagegen, auch das Gefühl kann nicht wissen, was für den betreffenden Menschen stimmt. Nur über die Intuition ist erfassbar, ob etwas für den Menschen maßgeschneidert ist.

Um die Leitung für die Intuition frei zu bekommen, sind bestimmte Übungen nötig.

Ein Empfang ist nur im Alpha-Zustand (Gehirnstromfrequenz von 7–14 Hertz) möglich. Erwachsene leben 80 % des Tages im Beta-Zustand (15–32 Hertz).

Stellen Sie sich einen Eisberg vor, 1/7 ragt aus dem Wasser, dieser Teil entspricht dem Tagesbewusstsein, 6/7 liegen unter Wasser und entsprechen dem Unterbewusstsein. Im Alpha-Zustand tritt die linke Gehirnhälfte, die Verstandesseite, die alles zerdenkt und anzweifelt, mehr in den Hintergrund, die rechte Gehirnhälfte, die stumme Seite, hat erst dann eine Chance. Bilder und Erkenntnisse werden bewusst, die linke Gehirnhälfte, die analytische Seite, speichert sieben Eindrücke pro Sekunde. Die rechte Gehirnhälfte aber 10.000 pro Sekunde. Im Alpha-Zustand ist die linke Gehirnseite in ihrer Dominanz reduziert und so gelingt es, aus der rechten Hälfte ganze Bilderfolgen auf dem inneren Monitor zu erfassen. Die Verstandesseite ist dann im Alpha-Zustand oft sehr beeindruckt von dem Wahrgenommenen. Die rechte Gehirnhälfte, Sitz der Intuition, ist ein gigantischer Speicher an Informationsmöglichkeiten.

Wir durcheilen den Alpha-Zustand täglich zwei Mal, einmal kurz vor dem Einschlafen und einmal vor dem Aufwachen. Um den Alphazustand zu erreichen und somit den Anschluss an den Zentralcomputer, gibt es spezielle Übungen. Eine Möglichkeit ist die Zähltechnik.

Übung:

- Wir zentrieren uns und atmen einige Male tief und ruhig ein und aus. Sobald wir eine innere Ruhe spüren, stellen wir uns die Zahl 3 vor. Wir visualisieren die Zahl 3. Nach einer Weile verblasst diese Zahl und es erscheint die Zahl 2. Auch diese verblasst und es erscheint 1. Wir versinken ganz in der Betrachtung der Zahl 1. Nun denken wir beim Atmen einige Male „entspannt". Wir zählen dann langsam von 10 zurück bis 0 und stellen uns die jeweiligen Zahlen vor. Wenn wir bei NULL angekommen sind, haben wir die Alpha-Phase erreicht. Die Leitung ist frei. Wir sind offen auf allen Frequenzen, um wahrzunehmen.
- Um Gedankenstille herzustellen, weiten wir uns energetisch nach oben hin aus, werden drei, vier oder fünf Meter groß. Gedacht wird unten im Gehirn, da oben wird nur mehr wahrgenommen. Wir schauen in Gedanken in einen wolkenlosen, blauen Himmel. Wir brauchen nun fünf bis sieben Minuten Zeit, bis sich der Verstand völlig zurückzieht und keine störenden Gedanken mehr aufkommen.
- Nun nehmen wir ein Problem oder eine Frage ins Bewusstsein und sind vollkommen absichtslos und offen. Die Antwort erscheint auf dem inneren Bildschirm als Wort, Satz, Bild oder wir hören unsere innere Stimme. Manchmal ist eine plötzliche Gewissheit da.

Diese Methode ist sehr aufschlussreich. Eine andere Möglichkeit ist das Aufsuchen bzw. Einrichten eines mentalen Beratungsraumes. Wir schaffen uns in Gedanken einen gemütlichen Raum und setzen uns vor eine weiße Leinwand. Neben der Leinwand erscheint ein Mentor (weiser, alter Mann). Dieser Mentor ist eine Verkörperung der inneren Weisheit. Wir stellen nun gedanklich eine kurze, klare Frage, wie z. B. „Was will mir dieser oder jener Umstand sagen, welche Botschaft ist darin verborgen?" Nichts erwarten, nur zulassen, was spontan kommt. Wieder kann ein Satz oder ein Bild erscheinen. Wenn wir nicht gleich verstehen, so fragen wir weiter, bis wir Klarheit gewonnen haben.

Z. B.: *„Welches von zwei Angeboten ist für mich persönlich stimmig?"*

Für eine Beratung bzw. ein klärendes Gespräch mit dem kompetentesten Berater in uns brauchen wir zwischen 10 Minuten und manchmal auch 2 Stunden.

Wir müssen uns dann nicht mehr den Kopf zerbrechen und grübeln, sondern wissen, was stimmt.

Außer den beiden vorhin beschriebenen Möglichkeiten gibt es weitere Techniken, die in meinen Seminaren erlernt und geübt werden. Jeder findet seine Art, die er dann auch oft und gerne anwendet. Wir ersparen uns dadurch viel Zeit und viele Fehlentscheidungen.

Die Antwort auf jede Frage ist im Zentralcomputer vorhanden. Wir lassen die stimmige Antwort über ein Ritual, eine bestimmte Technik „hereinfallen", damit sie uns bewusst werden kann.

Je nachdem, um welches Problem es sich handelt, wendet man die eine oder andere Technik an. Indirekte Möglichkeiten sind die *Spiegelsaalübung und die Vulkanübung,* zwei Bilderreisen, die immer wieder sehr aufschlussreich sind und die ich später noch genauer erklären werde.

Alle diese Intuitionsübungen sind eine große Hilfe auf dem Weg zur wahren Selbsterkenntnis und somit vom Nebeneinander oder Gegeneinander zu einem sinnvollen Miteinander.

Wenden wir zunächst den Beratungsraum an, um uns besser kennen zu lernen.

Wir fragen unseren Mentor, welche Stärken und Begabungen uns noch nicht bewusst sind. Wir lassen uns viel Zeit und erwarten nichts. Wir sind offen auf allen Frequenzen. Wir überlassen es unserer inneren Weisheit, auf welche Weise sie uns antwortet. Wir sind bereit, alles zuzulassen.

KERNGLAUBENSSÄTZE UND MUSTER

Sobald man die eigenen Stärken und Begabungen erfasst hat, fragt man sich, welche Kernglaubenssätze man loslassen und durch neue ersetzen sollte. Man kann auch erfragen, welche Muster, die man von Vater, Mutter oder anderen Bezugspersonen übernommen hat, noch zu einem gehören und welche man wie Steine im Rucksack mitträgt. Was will man behalten und was will man verändern.

Unbewusste Überzeugungen können sehr blockierend sein. Viele Menschen tragen Kernglaubenssätze in sich, wie z. B. „niemand liebt mich, niemand schätzt mich, ich bin nichts Besonderes, ich bin nicht liebenswert". Wir bekommen und erleben nicht das, was wir uns wünschen und erhoffen, sondern das, was wir glauben. Einem jeden geschehe nach seinem Glauben, steht in der Bibel. Wenn die Welt uns genau das spiegelt, was unseren Glaubenssätzen entspricht, so sind wir oft enttäuscht und verbittert. Sobald wir gewisse Kernglaubenssätze erfassen, und zum Positiven hin verändern, ändert sich vieles in uns und um uns. Achten wir auch einmal bewusst auf unser inneres Reden. Bei den meisten Menschen ist ein Großteil dieser inneren Worte, des inneren Dialogs, negativ. Es ist hilfreich, die Gedanken, die durch unseren Kopf ziehen und die wir in uns tragen, zu erfassen. Leider sind bei den meisten Menschen viele davon blockierend. Wenn wir stets ein Notizbuch bei uns tragen, wie das die erfolgreichsten Menschen der Welt tun, dann können wir jederzeit und überall das notieren, was uns so zwischendurch einfällt, was uns bewusst wird, Positives und Negatives. Es ist sehr hilfreich, wenn wir uns in einer stillen Stunde damit beschäftigen. Wir setzen durch unsere Gedanken, das innere Reden und bestimmte Kernglaubenssätze ständig Ursachen und erfahren die entsprechende Wirkung. Um den Weg der Liebe gehen zu können, brauchen wir Achtsamkeit. Wenn wir gedankenlos und unachtsam sind, werden wir diesen nie finden. Damit Liebe wachsen kann, braucht sie einen entsprechenden Boden. So wie eine Lilie niemals zwischen Steinen oder Felsen wachsen kann, so kann sich Liebe nicht zwischen negativen Gedanken und Überzeugungen, sowie destruktiven Worten entwickeln. Um überholte Muster, die sich tief in uns eingeprägt haben, zu erkennen, empfehle ich folgende Übung.

Übung:

- Sammeln Sie in einer ruhigen Stunde alle vorherrschenden Eigenschaften von Vater und Mutter, positive und weniger positive. Wenn Sie bei Großeltern oder anderen Bezugspersonen aufgewachsen sind, dann denken Sie über deren Muster nach. Schließlich tragen Sie in Gedanken auch die eigenen Eigenschaften zusammen, die Ihnen bewusst sind.
- Nun prüfen Sie, was Sie behalten wollen und was überholt ist oder nie zu Ihnen gehört hat. Vieles haben wir vorgelebt bekommen und übernommen. Auch bei dieser Übung kann die innere Weisheit, der Mentor, eine große Hilfe sein. Wenn ich in meinem Beratungsraum nachfrage, was mich blockiert und unfrei macht, was ich auflösen sollte, werde ich so manches erfahren und kann dann das Notwendige tun.
- Sobald mir ein störendes Muster bewusst geworden ist, kann ich über die Kristalltechnik Abhilfe schaffen und wieder ein Stück mehr zu mir selbst finden.

KRISTALLTECHNIK

- Ich schließe meine Augen, zentriere mich und beobachte eine Weile meinen Atem.
- Nun stelle ich mir vor, dass ich auf einer wunderschönen Bergwiese stehe. Ich erkenne den Eingang zu einer großen Höhle. In dieser Höhle entdecke ich riesige Bergkristalle.

- Ich suche mir einen besonders schönen Kristall aus und spiegle mich in ihm, so wie ich zurzeit noch bin. Wenn mir dieses Bild nicht entspricht, so lösche ich es.

Als ich vor einigen Jahren begann, an mir zu arbeiten, mich auf allen Ebenen stimmig zu machen, sah ich in meinem Kristall folgendes Bild:

Ich hielt mich an anderen Menschen fest und konnte nicht allein sein. Es hat mich sehr gestört, dass ich so unselbstständig und ängstlich war. Tief in mir wusste ich, das alles gehört nicht zu mir, dieses Bild, diese Prägung, das bin nicht ich. Nun nahm ich in Gedanken einen Schwamm, der neben dem Kristall lag und löschte das Bild aus, bis nichts mehr zu sehen war. Durch dieses geistige Ritual erfasst auch unser Unterbewusstsein, dass dieses Bild, das eben gelöscht wurde, nicht mehr zu uns gehört.

- Wir fragen unsere innere Weisheit, welche Ausstrahlung und welches Verhalten sind stimmig für mich? Wie bin ich gemeint? Ruhig warten wir ab, was nun erscheint. *Ich sah mich im Kristall frei stehend, verbunden mit dem Kosmos und der Mutter Erde. Meine Arme waren offen, bereit jeden anzunehmen, der zu mir kommt, aber auch wieder loszulassen, wenn der betreffende Mensch gehen will. Ich sah mich selbst strahlend, stark, gesund und mit dem All eins.*
- Sobald das stimmige Bild klar erkennbar ist, lässt man es lebendig werden. Es steigt aus dem Kristall, kommt näher und näher heran und ist schließlich in uns präsent. Das stimmige Bild füllt uns voll und ganz aus. Wir spüren Freude und Dankbarkeit und das tiefe Empfinden, so bin ich in Wahrheit gemeint.
- Nun weiß ich endlich, wie ich gemeint bin. Wir lassen dieses Bild in uns wirken und fühlen uns voll und ganz hinein. Wir lassen es so lange wirken, bis wir spüren, dass das neue Bild im Zellgedächtnis jeder Zelle verankert ist.

Wenn wir dieses neue Muster und Verhalten drei bis vier Wochen immer wieder in uns aufleben lassen, als dieser neue Mensch durch den Tag gehen und uns selbst dabei beobachten, so verhalten wir uns immer stimmiger. Es entsteht auf diese Weise eine dauerhafte Umprägung. Wir werden mehr und mehr zu dem Menschen, der wir eigentlich sind.

Gehen Sie liebevoll mit sich um und haben Sie Geduld. Wenn Sie doch wieder einmal in das alte Muster rutschen, dann ärgern Sie sich nicht. Denken Sie an Edison. Er hat über tausend Versuche gebraucht, um die Glühbirne zu erfinden. Edison hat nicht aufgegeben und sich auch nicht geärgert. Er meinte immer wieder, jeder Misserfolg ist ein Sprungbrett zum Erfolg.

Wenn wir mit uns und unserem Verhalten unzufrieden sind und von Überholtem blockiert werden, so ist auch der Fluss der Liebe behindert und unsere Intuition kann nicht wirksam werden. Um den Boden für die Liebe und für harmonisches Miteinander zu bereiten, ist es auch wichtig, eine starke, selbstbewusste und lichtvolle Seele zu werden. Es ist nicht ein Hahn-am-Mist-Spiel gemeint. Bei diesem Spiel steht jemand vor uns und erklärt, ich bin der Größte. In diesem Fall ist nur ein aufgeblasenes Ego vorhanden. Dieses Ego fällt früher oder später in sich zusammen. Auch die oft zur Schau gestellte Lässigkeit ist vielfach nicht von Dauer. Unter einer schweren Belastung bricht sie zusammen. Die wahre Kraft kommt von innen, ganz von innen. Kraft allein ist allerdings zu wenig. Erst wenn ein großes, weites, liebevolles Herz dabei ist, entsteht ein wohltuendes Charisma.

Bei vielen von uns wurde in der Kindheit oder Schulzeit das Selbstwertgefühl untergraben. Ziehen Sie eine Linie und halbieren Sie diese. Links schreiben Sie SEIN und rechts TUN. Nun denken Sie nach, von wie vielen Menschen und welchen, Sie in der Kindheit geliebt wurden. Diejenigen, die Ihnen ihre Liebe gezeigt haben, auch wenn sie sich ganz unmöglich benommen haben, tragen Sie auf der linken Seite ein. Diejenigen, die sich Ihnen nur dann liebevoll zugewandt haben, wenn Sie ordentlich und brav waren und alle Erwartungen erfüllt haben, auf der rechten Seite. Die meisten Menschen haben mehr Eintragungen auf der rechten Seite und somit auch ein geschwächtes Selbstwertgefühl. Ich empfehle Ihnen in diesem Fall folgende Übung.

Übung:

DER BAUM DES SELBSTVERTRAUENS

- Ich suche mir einen ruhigen Platz, lege oder setze mich bequem hin und schließe meine Augen. Während ich meinen Atem beobachte, entspanne ich mich mehr und mehr.
- Nun lasse ich vor meinem inneren, geistigen Auge einen Baum erscheinen. Ruhig betrachte ich diesen Baum. Hat er einen dicken oder dünnen Stamm? Wie sieht die Krone aus? Mit dem inneren Auge kann ich auch die Wurzeln betrachten. Sind sie kurz und flach oder reichen sie tief in den Boden? Welchen Eindruck macht dieser Baum auf mich? Falls ich nicht ganz zufrieden bin, so lasse ich nun mit Hilfe der Intuition meinen Idealbaum erscheinen. Ich lasse den Stamm sehr dick werden, die starken Wurzeln reichen tief in den Boden. Eine ausladende Krone und viele große grüne Blätter ergänzen das Bild.
- Langsam gehe ich näher heran. Ich lege liebevoll meine Arme um den Stamm und nehme den Baum ganz in mich auf. Ich fühle gleichzeitig, wie ich so stark, so ruhig und so sicher werde wie dieser Baum. Tief in mir weiß ich, die wahre Kraft kommt von innen. Ich genieße dieses wunderbare Gefühl, so stark zu sein, so ruhig und so gelassen.
- Nun dreht sich jedes Blatt der Sonne zu, so wie draußen in der Natur. Jedes einzelne Blatt nimmt das Licht, die Kraft und die Ausstrahlung der Sonne auf. Von allen Seiten fließt dieses Licht und diese Kraft in mich ein. Ich lasse geschehen, bis ich merke, dass mir so ganz warm wird ums Herz. Licht und Kraft strahlen über mich hinaus. Ich verstärke mein Charisma, verstärke es ganz bewusst. Jeder Mensch, der mir ab heute begegnet, wird diese Ruhe, diese unerschütterliche Sicherheit und diese ganz besondere Ausstrahlung spüren.
- Nun lasse ich mir Zeit, bis ich weiß, es ist so, bis dieses Empfinden im Zellgedächtnis jeder einzelnen Zelle eingespeichert ist.

Wenn wir diese Übung drei bis vier Wochen mehrmals am Tag wiederholen, dann strahlen wir innere Sicherheit und Herzenswärme auch in schwierigsten Lebenslagen aus und bleiben stets in unserer Mitte.

Viele Seminarteilnehmer lieben diese Übung ganz besonders. Auch Kinder wenden sie mit Begeisterung an, um ihr Selbstbewusstsein zu stärken und völlig angstfrei in private, schulische und sportliche Situationen hineingehen zu können. Wenn wir das entsprechende Charisma erreichen, gehen andere Menschen viel achtsamer mit uns um. Probieren Sie es aus, Sie werden verblüfft sein.

In vielen Kulturen kommt dem Baum eine besondere symbolische Bedeutung zu. Er repräsentiert Leben, Wachsen, Beständigkeit, er vereinigt in sich drei verschiedene Sphären.

Die tief in die Erde reichende Wurzel stellt eine Verbindung zwischen Erde und Himmel dar, durch den Stamm zwischen Wurzel und Krone eine klare Gerichtetheit zwischen oben und unten. Zu den Eigenschaften und Assoziationen des Baumes gehören auch Regeneration und Gesundheit.

Auch für viele Führungskräfte ist die Übung „Der Baum des Selbstvertrauens" sehr hilfreich. Ein Manager kam nach einer Seminarpause zu mir und erklärte: „Der Baum des Selbstvertrauens hat mir die Augen geöffnet. Bisher dachte ich, in meiner Position muss ich ständig Stärke zeigen. Jetzt ist mir klar, was natürliche Autorität bedeutet." Stärke alleine ist wohl tatsächlich zu wenig. Erst wenn diese mit einem weiten offenen Herzen verbunden ist, dann werden wir als Führungskraft geschätzt und geliebt.

Ein guter Leitwolf bzw. eine gute Leitwölfin in einem Unternehmen wird genauso geachtet, wie ein fähiger Dirigent in einem Orchester.

Auf diese Weise entsteht ein besonderes und zielführendes Miteinander, das schließlich die größten Gewinne bringt und ein angenehmes Betriebsklima garantiert.

Lassen Sie, wenn möglich, bei den verschiedenen Übungen Meditationsmusik im Hintergrund laufen. Ich verwende bei allen Übungen, die ich in meinen Seminaren anbiete, aber auch bei Einzelschulungen leise, angenehme Musik.

Immer wieder merke ich, dass sich sowohl Damen wie Herren, aber auch Kinder dadurch viel besser entspannen können und die Alpha-Phase leichter erreichen.

Musik und Ton gehören zu den Grunderfahrungen des Menschseins, gerade die Musik lebt in besonderer Weise durch Schwingungen und kommuniziert so mit den unsichtbaren Schichten in uns. Es gibt Klangmelodien, die auf die individuellen Lebensenergien eines Menschen eingehen und gut mit ihnen harmonieren. Solche Melodien eignen sich hervorragend zur Meditation. Wir können uns dann besser konzentrieren, können die konzentrative Entspannung eher erreichen. Harmonische Musik symbolisiert Heiterkeit, Ausgeglichenheit, innere Heilung, auch Rhythmus, Schwingen und die Loslösung aus den Fesseln irdischer Materialisation.

HARMONIE DURCH INNERE FREIHEIT

Die Übung „Der Baum des Selbstvertrauens" hilft uns auch, von allem frei zu werden.

Leute, die sich z. B. das Rauchen abgewöhnen wollten und es lange nicht geschafft haben, agierten folgendermaßen:

Sie sahen sich in einem Gespräch mit einem Freund. Saßen auf einem gemütlichen Sessel und erlebten sich gelöst, gelassen, tief verwurzelt und in sich ruhend. Sie entspannten sich immer mehr und kosteten das Gefühl, innerlich so stark zu sein, ganz aus, voller Gelassenheit und innerer Stärke. Die Hände lagen entspannt auf ihrem Schoß.

Sie alle versetzten sich in Gedanken immer wieder in diesen Zustand und lebten und fühlten sich tief hinein.

Das Empfinden, nichts, gar nichts unbedingt zu brauchen, ergibt und bewirkt ein unbeschreibliches Gefühl der Freiheit. Innere Freiheit und Zufriedenheit ist für jedes Miteinander überaus hilfreich.

OPTIMIERUNG DER SELBSTERKENNTNIS DURCH BILDERREISEN

Auf dem Weg zu einer liebevollen und erfolgreichen Persönlichkeit ist es sehr hilfreich, über spezielle Bilderreisen sich selbst besser kennen zu lernen. Ich empfehle Ihnen, einen Menschen, dem Sie volles Vertrauen schenken, für die nun folgenden Übungen um Mithilfe zu bitten.

Ersuchen Sie jemanden, dass er Ihnen die einzelnen Stationen der folgenden Bilderreise langsam vorspricht und dazwischen ausreichend Zeit lässt. Wir erkennen, wo wir uns momentan befinden und in welchem Bereich etwas zu erkunden oder zu tun ist, um nicht unnötig Energie zu verlieren und das Miteinander zu belasten.

Übung:

- Setzen Sie sich bequem hin und schließen Sie Ihre Augen, atmen Sie einige Male tief ein und ruhig und tief wieder aus. Sie fühlen nun Ihre Mitte, Ihr Zentrum und genießen es eine Weile, so ganz in sich und bei sich zu sein. Weiten Sie sich in Gedanken aus und erfüllen den Raum, in dem Sie sich befinden mit Ihrem Bewusstsein.
- Dann gehen Sie in Gedanken ganz allmählich über diesen Raum hinaus und nach einer Weile über den Ort hinaus, schließlich über das Land, über den Erdteil und letzten Endes über die ganze Welt hinaus. Nehmen Sie sich viel Zeit beim Erweitern des inneren Raumes. Sie erreichen auf diese Weise den Alpha-Zustand und sind offen und bereit für eine besondere Reise. Lassen Sie jetzt in sich einen Weg erscheinen. Ist der Weg schmal oder breit, hell oder dunkel, eben oder gewunden, ist er leicht begehbar oder voller Hindernisse? Wie fühlen Sie sich auf dem Weg? Welchen Eindruck macht er auf Sie?
- Gehen Sie in Gedanken langsam weiter und finden Sie auf dem Weg einen Teller. Wie sieht er aus? Ist er ganz in Ordnung oder beschädigt? Betrachten Sie diesen Teller eine Weile. Welchen Eindruck vermittelt er und wie fühlen Sie sich bei seinem Anblick?

- Nun gehen Sie wieder einige Schritte weiter. Auf dem Weg erkennen Sie einen Schlüssel. Wirkt er brauchbar, wertvoll oder wertlos? Beobachten Sie sich selbst. Was tun Sie beim Anblick dieses Schlüssels?
- Langsam setzen Sie den Weg fort und gelangen zu einem Haus. Sie betrachten nun dieses Haus. Welchen Eindruck macht es auf Sie? Würden Sie gerne hineingehen, um es zu besichtigen? Lassen Sie sich etwas Zeit, um Ihre Gefühle wahrzunehmen, dann setzen Sie Ihren Weg abermals fort.
- Sie erreichen schließlich ein Gewässer. Ist das Wasser ruhig oder bewegt, ist es rein und klar, trüb oder sogar schmutzig? Wie fühlen Sie sich beim Anblick dieses Wassers? Verspüren Sie Angst, Unbehagen oder Wohlgefühl?
- Schließlich kommen Sie zu einer Mauer. Der Weg führt jenseits der Mauer weiter. Wie wirkt diese Mauer auf Sie? Was tun Sie nun, beobachten Sie sich selbst, wie fühlen Sie sich beim Anblick der Mauer? Lassen Sie sich etwas Zeit, um Ihre Eindrücke und Ihr Handeln zu registrieren.
- Dann zählen Sie langsam von 1 bis 5 und gehen in Gedanken eine Treppe nach oben. Von Stufe zu Stufe werden Sie frischer und munterer. Wenn Sie bei 5 angelangt sind, dann strecken und recken Sie sich und öffnen langsam Ihre Augen. Sie sind wieder ganz im Hier und Jetzt.

Jedes einzelne Bild gibt Ihnen Auskunft über den sogenannten Ist-Zustand, die momentane Situation. Wenn Sie an sich arbeiten und sich bewusst weiterentwickeln, dann werden Sie nach einigen Wochen oder Monaten bei der eben beschriebenen Vorgangsweise eine teilweise Veränderung der Bilder erkennen. Wir können uns danach orientieren und deutlich feststellen, wo wir in unserer geistigen und seelischen Entwicklung stehen und in welchem Bereich noch etwas zu tun ist, um ein Heilsein in allen Lebenslagen zu erreichen. Erst wenn alles stimmt, und zwar auf allen Ebenen des Seins, erst dann ist ein wirklich liebevolles und bereicherndes Miteinander möglich. Erst dann ist auch ein dauerhafter Erfolg in allen Lebensbereichen möglich.

So mancher ist erstaunt über die Bilder aus dem Unterbewusstsein und erkennt, dass es ihm besser geht bzw. dass er in seiner Entwicklung weiter ist, als er gedacht hat.

Bilderreisen sind daher überaus wertvoll. Machen Sie eine Skizze von den einzelnen Bildern oder beschreiben Sie diese, damit Sie einen Vergleich haben, wenn Sie nach einer gewissen Zeit wieder in sich gehen und nachsehen. Achten Sie immer wieder auf Ihren Verstand, der so gerne alles anzweifelt, was von der rechten Gehirnhälfte, der unbewussten Seite, aufsteigt. Die Bilder, die nach Erreichen des Alpha-Zustandes aus dem Unterbewusstein auftauchen sind wertvolle Botschaften.

DIE ERKLÄRUNG DER BILDER

Über die Traum- und Hypnoseforschung fand man ihre Bedeutung.

BILD I – DER WEG:

Zunächst betrachten wir den Weg, der spontan und ohne dass Sie etwas erwartet haben aus dem Unbewussten erschienen ist. Es ist Ihr momentaner Lebensweg. Entscheidend ist das Gefühl, das Sie wahrgenommen haben.

War es angenehm oder eher unangenehm? Fanden Sie den Weg zu steil, dann sollten Sie überlegen, in welchem Bereich Sie sich zurzeit zu sehr anstrengen und abmühen.

Fanden Sie den Weg zu schmal, dann denken Sie nach, ob Sie sich beruflich oder partnerschaftlich mehr Raum schaffen sollten und ob Sie momentan zu wenig Bewegungsfreiheit haben. Falls Sie große Steine vorfanden, so überdenken Sie Ihre Probleme und schieben Sie diese nicht achtlos weg. Die Steine sind ein Symbol für Aufgaben, die zu lösen sind. Wir kommen nur weiter, wenn wir darüber klettern, wenn wir sie überwinden.

Ist der Weg unangenehm, dunkel erschienen, so nehmen sie viel Licht von der höchsten Kraft auf und strahlen Sie dieses in Gedanken jeden Morgen auf den kommenden Tag. Segnen Sie stets den Tag, der vor Ihnen liegt. Verdrängen Sie nichts, es holt Sie sonst ein.

Falls Sie sich auf dem Weg so richtig wohl gefühlt haben, dann freuen Sie sich und lassen sie dieses Bild los. Wenn Ihnen etwas Besonderes auffällt, dann ziehen Sie sich in Ihren mentalen Beratungsraum zurück und erfragen Sie über die innere Weisheit, was Ihnen dieses Detail sagen will, welche Botschaft darin verborgen ist. Ihr Mentor wird Ihnen Auskunft geben. Sie haben dann wieder die Möglichkeit, den königlichen Weg der Erkenntnis zu gehen und ersparen sich den Umweg über Kummer und Leid.

BILD II – DER TELLER:

Er hat einen Bezug zu unserer Kindheit. Der Zustand zeigt uns, ob diese unbeschwert war und eventuelle Belastungen schon aufgearbeitet bzw. verarbeitet sind. Wenn wir einen oder mehrere Sprünge erkennen, so ist es dringend nötig, das innere Kind zu heilen. Haben Sie keine Angst, selbst wenn der Teller völlig zersprungen ist, können Sie über die Heilung des inneren Kindes alles zum Guten wenden. In dem Kapitel „Das innere Kind" erkläre ich Ihnen, wie Sie vorgehen können, um sich selbst umfassend zu helfen. Wenn Ihr Teller ganz weiß erschienen ist, so hat man von Ihnen erwartet, dass Sie brav und ordentlich sind. Sie haben sich wohl mehr oder weniger gefügt.

Ich sah zunächst einen solchen weißen Teller und es wurde mir bewusst, dass noch immer ein gewisser Ärger über das „Brav-Sein-Müssen", das mir aufgezwungen wurde, in mir vorhanden war. Ich heilte mein inneres Kind und siehe da, plötzlich erschien ein bunter Teller in mir. Es wurde mir klar, dass ich in meiner Kindheit auch viel Buntes und Schönes erfahren und erlebt habe.

Falls ein Metallteller sichtbar geworden ist, so hat wohl eine gewisse Wärme gefehlt. Auch in diesem Fall können Sie nachholen und Ihrem inneren Kind geben, was es so dringend braucht, um zufrieden zu sein. Manche Menschen erkennen Nahrung, z. B. Früchte, auf dem Teller. Es wird ihnen bewusst gemacht, dass sie wertvolle Prägungen und ebenso wertvolles Gedankengut mitbekommen haben.

Auch bezüglich dieses zweiten Bildes können Sie wieder Ihren Mentor befragen, falls Ihnen ein bestimmtes Detail unerklärlich erscheint.

Ihre innere Weisheit teilt Ihnen mit, was Sie wissen sollten. Sie können dann all das korrigieren und ausgleichen, was notwendig und hilfreich ist. Oft genügt es, kurz in sich zu gehen, die Augen zu schließen, nichts zu erwarten und einfach nachzufragen, um die eine oder andere Bedeutung zu erfassen.

BILD III – DER SCHLÜSSEL:

Der Schlüssel ist ein Symbol für Erkenntnisse, die wir bereits gewonnen haben.

Wenn der Schlüssel wertvoll erscheint, so sind uns die Werte dieser Erkenntnisse auch bewusst.

Als ich diese Bilderreise zum ersten Mal erlebte, ließ ich den Schlüssel, einen wertvollen goldenen Schlüssel, auf dem Weg liegen. Dies bedeutet, dass der Schritt vom Wissen zum Tun noch nicht vollzogen war.

Jahrelang hatte ich Seminare besucht und Bücher gelesen. Immer wieder habe ich mir vorgenommen, dies oder jenes an mir, meinem Verhalten oder meiner Einstellung zu verändern. Ich vergaß allerdings, diese Erkenntnisse in die Tat umzusetzen.

In den darauf folgenden Monaten beschäftigte ich mich nun intensiv mit den von mir gewonnenen Erkenntnissen und setzte sie sowohl im beruflichen wie auch im privaten Leben um.

BILD IV – DAS HAUS:

Sie standen in Gedanken vor einem Haus. Welchen Eindruck hatten Sie davon? Über dieses Bild erfassen wir, wie es um unser derzeitiges Selbstwertgefühl bestellt ist und was wir tatsächlich von uns halten. Wenn wir in uns ein völlig intaktes Gebäude erkannt haben, so können wir zufrieden sein.

Falls aber ein renovierungsbedürftiges Haus erschienen ist, dann sollten wir an uns und unserem Selbstbewusstsein arbeiten. Bei so manchem Menschen wurde das Selbstwertgefühl in der Kindheit oder später untergraben und geschwächt. In diesem Fall sammeln Sie in Gedanken Ihre Stärken und Begabungen, denken Sie auch an all das Gute, das Sie schon getan haben und was Sie durch Fleiß und Einsatz bereits erreicht haben. Nehmen Sie sich zunächst einmal selbst so an, wie Sie sind und führen Sie sich geduldig und liebevoll, damit Sie zu dem werden, der Sie sein wollen.

BILD V – DAS GEWÄSSER:

Das Gewässer spiegelt unsere Einstellung zur Sexualität wieder. War das Wasser klar, trüb oder schmutzig? Hatten Sie ein gutes oder eher unangenehmes Gefühl, als Sie vor dem Gewässer standen? Sie erkennen durch das Bild, das sich vor Ihrem inneren Auge entwickelt hat, Ihre unbewusste Einstellung zu diesem Thema, zur stärksten Kraft des Körpers.

Wenn das Wasser rein und klar erschien, so ist Ihre Haltung in diesem Bereich positiv und unbelastet. Leider haben viele Menschen in ihrer Kindheit böse Worte über diesen Bereich gehört und tragen daher vielfach, ohne es zu ahnen, negative Prägungen bezüglich Sexualität in sich. Auch so manche Menschen, die in einer mehr oder weniger intakten Partnerschaft leben, schleppen diesbezüglich unbewältigte Ängste in ihrem Unterbewusstsein mit sich. Falls sich das Wasser trüb oder schmutzig gezeigt hat, sollten wir unsere innere Weisheit oder unser inneres Kind fragen, welches Erlebnis, welches Ereignis dies bewirkt hat. Es wird eine Situation, die wir vergessen oder verdrängt haben, ins Bewusstsein kommen. Es ist ganz entscheidend, dass wir nun mit unserem Kind sprechen, es trösten und erklären oder das Bild umstellen und umfühlen. Auf diese Weise lösen wir eine oder auch mehrere negative Prägungen auf und gewinnen eine positive Haltung. Belastende Energien, die uns unbewusst blockiert haben, verschwinden. Das Zusammensein mit einem geliebten Partner wird dadurch stimmiger und inniger.

BILD VI – DIE MAUER:

Welchen Eindruck hat die Mauer auf Sie gemacht? Wirkte sie sehr hoch und unüberwindlich oder eher niedrig? Sind Sie davor stehen geblieben oder haben Sie versucht, die Mauer zu überwinden und den Weg fortzusetzen? Brauchen Sie Hilfe, um weiterzukommen oder schaffen Sie es allein? Die Mauer ist ein Symbol für Probleme, die zu bewältigen und zu lösen sind. Wenn wir nicht hilflos davor stehen bleiben, sondern eine Möglichkeit suchen, um den Weg fortzusetzen, dann sind wir auch bereit, Probleme nicht zu verdrängen, sondern in Angriff zu nehmen und zu lösen. Probleme sind Aufgaben, wie vorhin beschrieben, wenn wir sie in Angriff nehmen, dann gehen wir gestärkt daraus hervor. Verdrängen wir sie, so wird unser Energiehaushalt massiv gestört. Wir sind dann auch zumeist nicht sehr belastbar und die Liebesfähigkeit geht verloren. Wenn Sie nun merken, dass es für Sie nicht selbstverständlich ist, Ihre Probleme zu lösen, dann empfehle ich ihnen folgende Vorgangsweise:

Erkunden Sie zunächst einmal, ob es sich überhaupt um ein Problem handelt oder ob Sie nur Ihre Einstellung zu einer bestimmten Sache verändern sollten. Wenn dies nicht angebracht ist, dann lösen Sie zunächst Ihre Angst und ablehnende Haltung bezüglich Problemen auf. Jedes einzelne ist eine Möglichkeit, um wachsen und reifen zu können. Ein Leben ohne Probleme wäre so sinnlos, wie eine Schule ohne Unterricht. Eine Möglichkeit, sich damit auseinander zu setzen, ist folgende:

Sie begeben sich in die Alpha-Phase und schreiben dann einen Aufsatz. Wenn Sie so aus der Intuition heraus handeln, ohne nachzudenken, dann werden Sie beim anschließenden Durchlesen so manchen Lösungsvorschlag und so manche Hilfe erfassen. Wenn wir ein liebevolles Miteinander anstreben, so ist das Verdrängen von Problemen überaus ungünstig. Achten Sie stets auf Ihre persönliche Leistungskurve und halten Sie sich körperlich und geistig fit. Das ganze Leben ist eine einzige Abenteuerreise, genießen sie diese Reise und reihen sie einen erfüllten Augenblick an den anderen. Es ist ein geistiges Gesetz, dass wir kein Problem in den Weg gelegt bekommen, das wir nicht lösen können.

BERICHT EINER SEMINARTEILNEHMERIN (MANAGERIN):

Im Abstand von etwa zwei Monaten machte ich zweimal dieselbe Bilderreise. Beim ersten Mal war es unheimlich spannend, was da so zum Vorschein kam. Zu Beginn der zweiten Reise dachte ich: Schon wieder, da kenne ich ja schon alles, was sollen da schon neue Erkenntnisse auftauchen! Aber welche Überraschung, es war bei weitem nicht dieselbe Reise, die ich antrat. Es waren die gleichen Themen wie beim ersten Mal, aber nicht dieselben Bilder, die da aus meinem Unterbewusstsein aufstiegen.

War es bei meiner ersten Reise noch ein „englischer" Rasen, mit weißen Kieselstein-Umrandungen, auf dem ich stand, so spazierte ich diesmal auf einem Waldweg, der auf einer sonnendurchfluteten Lichtung endete.

Den Schlüssel der Erkenntnis ließ ich natürlich auch diesmal nicht liegen.

Aber mein Haus wies merkliche Unterschiede auf: Aus einem uneinnehmbar anmutenden Schloss mit einem Riesentor (selbstverständlich versperrt) – war ein gemütliches Blockhaus geworden und lud mit offener Tür zum Besuch ein.

Und auch die Mauer war merklich geschrumpft. Statt einer zwei Meter hohen Ziegelmauer, wo ich überlegt hatte, ob ich über den darüber wuchernden Efeu klettern konnte, sah ich mich mit einer halb so hohen Mauer konfrontiert. Auf diese konnte ich mich locker draufsetzen und musste nur mehr die Beine drüberschwingen, um auf die andere Seite zu gelangen.

Ich bin schon neugierig, womit mich mein Unterbewusstsein bei der nächsten Reise verblüffen wird!

Im alten Ägypten und in der Antike waren geführte Reisen nach innen in gebildeten Kreisen sehr üblich, so üblich wie heute in der modernen Zeit die Reisen nach außen. *Dr. Dahlke* meint, dass dieses Erforschen der inneren Seelenräume der wesentliche Grund war, warum die

Menschen der Antike ohne Psychotherapeuten im heutigen Sinn auskommen konnten.

Auch *Goethe* hat sich intensiv mit Symbolen und inneren Wahrnehmungen auseinander gesetzt.

Die Reisen zu uns selbst sind die interessantesten und wertvollsten, die es gibt. Wir erfassen dadurch immer mehr, wer wir eigentlich sind und wie wir in verschiedenen Lebensbereichen gemeint sind.

Auf dem Tempel in Delphi steht außen *„Mensch erkenne dich selbst"* und innen ist zu lesen: *„Dann erkennst du Gott"*.

Geführte Reisen auf Tonbändern sind eine große Hilfe, damit die Gedanken nicht immer wieder abschweifen.

Eine sehr beliebte Möglichkeit, die eigene Lage zu erfassen, ist eine Übung, die *Prof. Dr. Tepperwein* empfiehlt. Man begibt sich auch dafür in den Alpha-Zustand und schreibt ohne nachzudenken einen Aufsatz mit dem Titel: „Ich bin ein Ruderboot".

Seit 10 Jahren leite ich Seminare für Pädagogen in einem Pädagogischen Institut in Baden bei Wien. Viele Herren und Damen haben ihr Ruderboot geschrieben, viele wichtige Erkenntnisse gewonnen und daraus gelernt. Aus so manchem morschen Kahn ist dadurch ein schönes Schiff geworden.

EINE PÄDAGOGIN HAT MIR IHREN BERICHT DAZU GESCHENKT.
ICH GEBE IHN MIT ZUSTIMMUNG DER DAME AN SIE WEITER. SIE SCHRIEB:

Ich bin ein neuer Mensch geworden! Im Außen kann man das am besten mit „minus 20 kg" beschreiben. Im Inneren aber glaube ich können das meine „Ruderboote" am besten. Durch das Mentaltraining mit Rita habe ich es geschafft von einem alten Kahn zu einem wunderschönen Segelboot zu werden. Das Gefühl dabei ist herrlich und ich bin unendlich dankbar. Vorher hatte ich Angst, wirklich ich selber zu sein. Jetzt genieße ich es, im Fluss des Lebens zu sein und bin glücklich über all die „Wunder" die geschehen. „Wunder" die keine Wunder sind, wenn man mit der Urkraft verbunden ist. Ich kann jetzt selber bestimmen wo meine „Fahrt" hingeht. Falls einmal eine kleine Flaute ist, weiß ich wie ich mit meinen „Rudern" arbeiten muss um trotzdem meinen Weg zu machen. So hätte sich zum Beispiel niemand vorstellen können, dass ich mit zwei kleinen Kindern als allein erziehende und allein verdienende Mutter einen Weg finde, mein Traumhaus zu bauen! Und ich werde auch weiterhin meine Fahrt durch das Meer des Lebens in vollen Zügen genießen.

Ich kann nur jedem von Herzen wünschen, dass auch er seinen Weg findet – von einem alten Ruderboot zu einem schönen Segelboot zu werden!

Seit zehn Jahren verwende ich diesen Ruderboot-Test bei meinen Grundseminaren und den Seminaren für Pädagogen. Die Teilnehmer sind immer wieder verwundert und beeindruckt, wenn sie das, was sie in tiefer Entspannung geschrieben haben, was so in die Feder geflossen ist, bewusst durchlesen.

Sie erkennen, wo sie sich zurzeit befinden und was zu tun ist, um dahin zu kommen, wo sie eigentlich hin wollen. Während eines Seminars lesen stets einige Teilnehmer gerne ihre Aufsätze vor und die Zuhörer lauschen mit offenem Herzen, um zu erfassen, wie es dem betreffenden anderen tatsächlich geht.

Wir lernen auf diese Weise mit dem Herzen hinzuhören. Die aus der Gruppe kommenden liebevollen und einfühlsamen Empfehlungen und Wahrnehmungen werden auch stets angenommen.

Es breitet sich bei dieser Übung immer wieder eine ganz besondere menschliche Wärme, Verständnis und ein tiefes Einfühlungsvermögen in der Gruppe aus.

Eltern und Lehrer, die ihre Kinder zu diesem Aufsatz anregen, erkennen deutlich, wie sich ihre Schützlinge zurzeit fühlen und wo sie selbst sich zurückhalten bzw. Hilfestellung geben sollten.

Die Übung ist eine wunderbare Möglichkeit, um sich selbst zu helfen, um voranzukommen und zwischenmenschliche Beziehungen tief greifend zu verbessern.

Ein junger Mann, der zur Beratung zu mir kam, fühlte sich als Boot, das leck war und unterzugehen drohte. Er begriff, was zu tun war. Über den Baum des Selbstvertrauens und das ständige Vorauserleben seiner privaten und schulischen Aufgaben stärkte er sein Selbstwertgefühl und sein Selbstvertrauen mehr und mehr. Er wurde immer selbstbewusster und tritt nun sicher, ruhig und gelassen auf. Ich bin sehr stolz auf ihn.

4. KAPITEL

IN HARMONIE MIT KINDERN UND JUGENDLICHEN

Ein Vogel aus dem Nest gestoßen, stirbt.
Ein Kind, das nicht umarmt wird, erfriert.
Um Mensch zu werden, brauchen wir Wärme und viel Liebe.

KINDER LIEBEVOLL LEITEN, BEGLEITEN UND MITEINANDER LÖSUNGEN SUCHEN

Als ich selbst ein Kind war, habe ich sehr darunter gelitten, dass ich schweigen musste, wenn ich meine Meinung zu verschiedenen Dingen äußern wollte. *„Sei still, du bist noch ein Kind"*, hörte ich oft. Ich fühlte mich dann minderwertig und war oft sehr unglücklich. Ich nahm mir vor, später als erwachsener Mensch anders zu agieren. Als ich Entwicklungspsychologie studierte, las ich viele Bücher von *Pestalozzi, Rudolf Steiner* und *Montessori.* Diese bedeutenden Pädagogen waren meine Vorbilder. Als ich zu unterrichten begann, behandelte ich alle meine Schüler, ob groß oder klein, wie Partner. Ich setzte auch Grenzen, wenn es nötig war, erklärte aber immer, warum dies oder jenes nicht möglich war. Als Klassenvorstand war es meine Aufgabe, bei verschiedenen Vorkommnissen, wie Auseinandersetzungen zwischen den Kindern und meinen Kollegen, einzugreifen. Ich hörte mir beide Seiten an, setzte mich dann mit den Schülern zusammen, und wir suchten gemeinsam eine Lösung. Die Schüler waren unter diesen Umständen viel eher bereit, das Notwendige zu tun bzw. zu unterlassen. Junge Menschen sind wesentlich zugänglicher, wenn wir sie wie Erwachsene behandeln. Vor allem ist es wichtig, immer wieder zwischen dem Menschen selbst und seinem Verhalten zu trennen.

Wenn wir nicht urteilen und verurteilen, sondern mit Kindern und jungen Leuten gemeinsam Wege suchen, dann sind wir ihnen Vorbild für ein harmonisches Miteinander im späteren Leben.

DIE INTUITION, DER BESTE ERZIEHUNGSBERATER

Eine Dame kam nach einem Seminar zu mir und bat mich um eine Beratung. Sie hatte eine vierzehnjährige Tochter. Da ihr Mann aus beruflichen Gründen häufig im Ausland war, lag die Erziehung fast ausschließlich in ihren Händen. Sie meinte: „Ich weiß zurzeit nicht, ob ich die Zügel lockern soll oder nicht. Meine Tochter will ständig in Lokale, die einen sehr schlechten Ruf haben und sie will bis Mitternacht ausbleiben. Wenn ich ihr dies erlaube, so habe ich ein ungutes Gefühl. Gehe ich nicht auf ihre Wünsche ein, so lehnt sie mich ab und ist mir sehr böse. Was soll ich tun?"

Ich führte die Dame in ihren mentalen Beratungsraum und empfahl ihr, mit ihrer inneren Weisheit in Kontakt zu treten. Sie nahm Kraft und Licht auf und bereitete sich so auf ein Gespräch mit ihrer Intuition vor.

Dann stellte sie folgende Frage an ihre innere Weisheit, den besten und kompetentesten Berater: *„Was stimmt zurzeit für meine Tochter, was ist notwendig? Wie soll ich mich verhalten?"*

Nach einer Weile erschien folgendes Bild: Ein Dorf im Vordergrund und eine Stadt im Hintergrund, dazwischen sah sie eine Autobahn mit ganz dichtem Verkehr. Eine Brücke mit ganz festen Eisengeländern führte darüber.

Die Dame konnte zunächst mit dem Bild nichts anfangen. Sie bat ihre innere Weisheit um Klarheit. Da sie ganz offen war und voller Vertrauen, bekam sie sehr bald eine Antwort.

Sie erfasste, dass die Tochter ursprünglich als Kind im Dorf glücklich war und jetzt in die Stadt will, mit ihren verschiedenen Lokalen. Die Dame hörte eine Stimme in sich: Wenn du ihr jetzt keine festen Grenzen setzt, dann kommt sie unter die Räder. Nun wusste sie, warum ihr die starken Brückengeländer so besonders aufgefallen waren.

Ruhig ging sie nach Hause und handelte, wie ihr geraten worden war. Ohne Unsicherheit und ohne zu zögern erklärte sie der Tochter, dass dies oder jenes nicht machbar wäre und sie blieb trotz Protest fest.

Nach einigen Monaten rief sie mich an und berichtete, dass sie immer wieder einmal den so kompetenten Erziehungsberater um Auskunft bittet und bestens betreut ist. Sie spürte auch, dass ihre Tochter nach einiger Zeit vernünftiger wurde und sie ihr dadurch ohne ungutes Gefühl mehr Freiheit einräumen konnte.

Eine andere Dame suchte Rat bezüglich der stimmigen Schule für ihren Sohn. Sie erzählte mir, dass sie ständig Streit mit ihrem Mann habe, weil sie ganz unterschiedlicher Meinung wären und sich nicht einigen könnten, wo ihr Sohn nach der Volksschule weiter lernen sollte. Ich erklärte ihr, dass sie vor der Leinwand ihre innere Weisheit Folgendes fragen kann: Welche Schule stimmt für unseren Sohn? Auch sie bekam eine klare Antwort. Sein lachendes Gesicht erschien vor einem der beiden in Frage kommenden Bildungsstätten. Weit dahinter sah sie schemenhaft die zweite Schule und ihren Sohn mit einem traurigen Gesicht. Sie wusste nun, was für ihren Buben stimmig war. Es zeigte sich das, was ihr Mann vorgeschlagen hatte. Ruhig ging sie nach Hause und sprach mit ihrem Partner.

Auch in diesem Fall hat sich der Rat der Intuition voll und ganz bewährt. Der Bub ist glücklich und zufrieden.

ENERGIE UND HARMONIE DURCH DIE HEILUNG DES INNEREN KINDES

In jedem Mann steckt ein kleiner Bub, in jeder Frau ein kleines Mädchen. Viele Erwachsene zeigen immer wieder ein kindliches Verhalten, das jedes Miteinander oft schwer belastet. So manchem Kind hat dereinst Liebe, Wärme, Geborgenheit oder irgendeine andere Form von Zuwendung gefehlt. Solange dieser Mangel, der in der Seele liegt, nicht behoben ist, sind wir immer wieder unzufrieden und unausgeglichen. Häufig suchen wir beim Partner, was sich das Kind gewünscht hat. Auch der liebevollste Partner ist mit der Zeit hoffnungslos überfordert, denn er kann sich nicht voll und ganz vorstellen, was und in welchem Ausmaß etwas in der Kindheit gefehlt hat.

Dieser innere Mangel bewirkt ein Klammern, das mit der Zeit als einengend und belastend empfunden wird. Wie können wir feststellen, ob wir ein so genanntes dunkles bzw. trauriges Kind in uns tragen, ein Kind, das dringend Hilfe braucht, oder ein helles, fröhliches Kind, das unser Leben bereichert?

Übung:

– Dazu ist es nötig nach innen und in die Stille zu gehen. In einer ruhigen Stunde lassen wir die Außenwelt los, indem wir uns auf unsere Mitte konzentrieren und eine Weile ruhig und tief ein- und ausatmen. Wir stellen uns eine große, weiße Wolke vor, den Nebel der Unklarheit und fragen dann unsere innere Weisheit voller Vertrauen Folgendes:
– Wie sieht mein inneres Kind aus, das Kind, das unbewusst in mir vorhanden ist? Wenn man ruhig und gelassen in den weißen Nebel schaut und nichts erwartet, nur zulässt, so erblickt man nach einer Weile ein Baby, ein Kleinkind, ein Schulkind oder auch ein junges Mädchen bzw. einen jungen Burschen. Oft erscheint auch ein Foto aus unserer Kinderzeit. Nur selten kommt es vor, dass sich das innere Kind nicht gleich zeigt und mehrere Versuche nötig sind, bis wir es erblicken.

Wenn Sie bei dieser Übung nicht gleich Erfolg haben, so seien Sie nicht enttäuscht. Lassen Sie dann mindestens einen Tag verstreichen, bevor Sie mit dieser Übung nochmals beginnen.

Sobald Sie das Kind erkennen, so erfassen Sie auch, wie es ihm geht und wie es sich fühlt. Wirkt das Kind ängstlich, verschreckt, zornig, traurig, einsam oder aber fröhlich und unternehmungslustig?

Als ich mein inneres Kind zum ersten Mal erblickte, sah es mich mit traurigen Augen an. Ich lächelte ihm liebevoll zu, breitete meine Arme aus und nahm das Kind auf den Schoß. Es war ungefähr 5 Jahre alt. Es wurde mir bewusst, dass ich in diesem Alter eine schwere Zeit zu durchleben hatte, weil meine Mutter sehr krank war. Ich fühlte, dass das Kind in mir ganz dringend Hilfe benötigte, und so begann ich es zu heilen. Erst jetzt wurde mir klar, woher die oft so quälende Verlustangst kam, die häufig in mir spürbar war. Sie überschattete und belastete die Beziehung zu meinem Partner. Wenn er aus beruflichen Gründen ins Ausland musste, so hatte ich bzw. das innere Kind große Angst, dass meinem Mann etwas zustoßen könnte.

Ich nahm mir nun einige Wochen lang täglich ungefähr eine halbe Stunde Zeit, zog mich in mich zurück und beschäftigte mich mit meinem inneren Kind. Ich sagte ihm immer wieder *„Du bist nicht mehr allein, du bist ab jetzt in mir geborgen, ich bin stets für dich da, bin Mutter und Freundin für dich.“* Ich schenkte dem kleinen Mädchen viel Liebe, Wärme und Geborgenheit, streichelte und schaukelte es in meinem Arm. Nach einigen Wochen lachte mir ein glückliches fünfjähriges Mädchen entgegen.

Aus dem dunklen, traurigen Kind war ein fröhliches, helles geworden. Ich fühlte mich viel besser und stärker. Als ich nach einigen Tagen nochmals meine innere Weisheit fragte, wie mein inneres Kind nun aussieht, erschien ein Baby. Es wollte Hautkontakt und viel Wärme. Meine Mutter beschenkte mich immer wieder und sorgte für mich, die Wärme und Herzlichkeit, die ich als Baby gebraucht hätte, konnte sie mir allerdings nicht geben. Sie selbst hatte sie von ihrer Mutter auch nicht bekommen, die ein Waisenkind war, so konnte sie diese nicht weitergeben.

Ich legte in Gedanken das Baby in mir auf meine Brust und liebkoste es, bis es sich vertrauensvoll in meinen Arm kuschelte. Immer wieder flüsterte ich dem kleinen Wesen ins Ohr *„Du bist ein ganz wunderbares Baby und ich hab dich sehr, sehr lieb."* Nach kurzer Zeit wusste ich tief in mir, dass es geheilt war.

Mehr und mehr wurde ich zu einer seelisch reifen Frau. Nun war mir auch klar, woher das oft so überstarke Verlangen nach Zärtlichkeiten und nach Geborgenheit stammte. Mein Partner schenkte mir vom ersten Augenblick unseres Zusammenseins viel Liebe, war aber durch mein Verhalten oft überfordert. Wenn ich nicht in dem Maß bekam, was das Kind in mir so dringend brauchte, war ich gekränkt und enttäuscht.

Einige Monate nach der Heilung meines inneren Kindes erkannte ich während einer Meditation ein junges Mädchen, das Liebeskummer hatte. Ich legte den Arm um Sie und sprach tröstlich mit ihr. Sie erzählte mir alles, was sie belastete und was sie nicht verstehen konnte. Ich hörte aufmerksam zu. Allmählich wurde sie ruhiger und ruhiger. Der bisher nicht verarbeitete Schmerz war schließlich bewältigt.

Das Heilen des inneren Kindes ist eine wunderbare Aufgabe. Niemand kann uns dies abnehmen, denn nur wir selbst kennen das Ausmaß, das nötig ist.

Es kommt auch vor, dass jemand eine Puppe in sich sieht, statt einem lebendigen Wesen. Das innere Kind ist dann aus irgendeinem schwerwiegenden Grund starr und scheinbar leblos. Wenn wir nun viel Licht und Liebe von der einen alles heilenden und alles überwindenden Kraft, der göttlichen Kraft, aufnehmen und über unser weit offenes Herz auf die Puppe fließen lassen, so erleben wir, wie ein lebendiges Wesen daraus entsteht. Oft fließen Tränen der Rührung und Erleichterung, Tränen, die viele Jahre unterdrückt und zurückgehalten worden sind. Lassen Sie diese Tränen zu, wenn es nötig ist. Oft öffnen sich Schleusen und eine innere Starre löst sich endlich auf. Wir sollten keiner Mutter, keinem Vater oder einer anderen Bezugsperson Vorwürfe machen. Jeder kann nur geben, was er in sich trägt. So manche Mutter und so mancher Vater hat auch ein ungeheiltes, trauriges oder ungeliebtes und trotziges Kind in sich und fand keinen Weg, dieses arme Wesen in sich zu heilen.

Sobald das Kind zufrieden ist, lassen wir es in Gedanken ganz klein werden, so klein wie ein Miniaturbild und nehmen es in unser Herz auf. Hier ist es für immer geborgen.

Wenn es unserem inneren Kind gut geht, so reagieren wir nicht wie ein „Hormo" sapiens, sobald der Partner oder ein anderer Mensch einen schlechten Tag hat und einmal ungeduldig oder unfreundlich ist. Wenn wir beleidigt sind, schreien, toben oder weinen, so wühlen die Kleinen in uns. Ein reifer erwachsener Mensch reagiert nicht, sondern agiert. Sobald wir durch das Verhalten eines anderen Gefahr laufen, aus der Bahn geworfen zu werden, so ist ein Gespräch mit dem inneren Kind nötig.

Viele Menschen reagieren auch im Berufsleben immer wieder wie ein Kind und belasten so jedes Miteinander. Selbst einflussreiche Persönlichkeiten zeigen mitunter ein für uns unverständliches Verhalten. Auch sie haben ein inneres Kind in sich.

GESPRÄCH MIT DEM INNEREN KIND

Sobald wir traurig oder unzufrieden sind weil ein anderer nicht so ist, wie wir es uns wünschen, meldet sich das Kind in uns. Nehmen Sie dann das innere Kind in Gedanken auf den Schoß und sprechen mit ihm in folgender Weise:

> *„Schau mal, dieser Mensch kann im Moment nicht anders, es geht ihm nicht gut, sonst würde er sich nicht so ungünstig verhalten. Ich hab dich lieb, und du bist in Ordnung, so wie du bist."*

Ein Gespräch mit dem inneren Kind ist immer wieder hilfreich und heilsam. Wenn wir es unterlassen und die Kränkung unterdrücken, so kann dies auch zu körperlichen Beschwerden führen, denn Kränkung macht krank. Oft essen oder trinken wir zu viel. Es ist das Kind in uns, das auf diese Weise Trost sucht. Falls Sie jedoch ein fröhliches Kind in sich entdecken, so kann es Ihr Leben sehr bereichern.

Wenn das innere Kind glücklich ist und lacht, so fühlen wir uns leicht und frei. Oft hören wir in uns: *„Sei nicht immer so ernst und nimm nicht alles so schwer“*. Das ist die Stimme des inneren Kindes.

Sobald wir in einer stillen Stunde mit dem geistigen Auge in Gedanken tief in den Partner oder auch in andere Menschen hineinschauen, so werden wir auch deren inneres Kind erblicken. Aus Liebe, aus bedingungsloser Liebe, ist es möglich, dem Kind im Anderen zu helfen, falls dies nötig ist. Wir sollten nicht darüber reden und das kleine Wesen einfach nur in viel Liebe einhüllen. Wenn wir ihm eine zeitlang heilendes Licht senden, können wir so manche Wunde heilen und einem verschreckten, ängstlichen inneren Kind Kraft und Zuversicht schenken. Wenn wir dem Kind im Partner, in den Eltern, Freunden oder Kollegen helfen, so ändert sich vieles zum Positiven hin und bereichert schließlich auch jede Beziehung, jedes Miteinander ob im beruflichen oder privaten Bereich.

Als ich vor einiger Zeit einen Vortrag hielt, erschien ein Mann mit finsterer Miene. Während ich mit meinen Ausführungen fortfuhr, nahm ich in Gedanken sein inneres Kind auf meinen Schoß. Meine Intuition zeigte mir, dass es dringend Wärme, menschliche Wärme braucht. Das Gesicht des Mannes wurde immer freundlicher und heller. In der Pause lachte er mich an und bat mich um einen Beratungstermin. Als ich ihm später von meinem Handeln beim Vortrag berichtete, meinte er: „Ich hab mich plötzlich so wohl gefühlt und wusste damals nicht, wie es so rasch dazu kam".

Ich biete Ihnen nun die Übung: „Das innere Kind heilen" so an, wie sie auch auf einem von mir entwickelten Tonband zu hören ist.

Übung:

DAS INNERE KIND

- Ich schließe meine Augen und atme tief ein und tief wieder aus. Beim Ausatmen lasse ich mich fallen wie eine Feder in einem Dom.
- Nun stelle ich mir vor, dass sich über meinem Kopf eine Blüte öffnet und heilendes, weißes Licht in mich einströmt. Ich erfülle mich ganz mit diesem heilenden Licht.
- Ich bitte jetzt meine innere Weisheit, mir mein inneres Kind zu zeigen, mein inneres Kind in mir aufsteigen zu lassen. Sobald ich es erkenne, nähere ich mich nun ganz behutsam diesem Kind und nehme seine Hände liebevoll in meine Hände. Ich streiche ihm über die Haare und sage ihm, dass ich es sehr, sehr lieb habe.
- Nun frage ich mein inneres Kind, ob es etwas von mir braucht, ob ich etwas tun kann, damit es glücklich und zufrieden ist. Ich öffne mein Herz ganz weit und lasse meine ganze Liebe fließen. Zärtlich nehme ich dieses innere Kind in meine Arme und lege meine Wange liebevoll an seine Wange. Nun fühle ich, wie das kleine Wesen in mir immer fröhlicher, immer glücklicher wird. Ich sage ihm, dass es nun nie mehr allein ist, dass ich immer für es da bin. Ich fühle, wie glücklich das Kind ist und auch ich selbst werde immer glücklicher und empfinde eine tiefe, innere Zufriedenheit.
- Dann löse ich langsam meine Hände von seinen Händen, lächle dem Kind noch einmal liebevoll zu und kehre langsam wieder zurück, zurück ins Hier und Jetzt. Ich atme noch einmal tief durch, öffne meine Augen und bin wieder ganz im Hier und Jetzt.

Manchmal dauert es einige Tage bis uns ein zufriedenes Kind entgegen lacht. Es können aber auch einige Wochen erforderlich sein. Die Heilung bzw. der Kontakt mit unserem inneren Kind bereichert unser ganzes Leben und alle zwischenmenschlichen Beziehungen.

BERICHT EINER MEINER SEMINARTEILNEHMERINNEN

Ich hatte eine „sterile" Kindheit. Meine Schwester und ich waren die hübschesten, saubersten und vor allem die bravsten Kinder. Die typischen Vorzeigekinder: von Eltern gepriesen, von allen anderen Kindern abgelehnt! Sprechen durften wir nur, wenn wir etwas gefragt wurden. Nahmen uns die Eltern einmal mit, erklärten sie uns schon vorher: Ihr wisst, es gibt keinen Hunger, keinen Durst, nicht heiß, nicht kalt.

Ich erinnere mich, mit ca. fünf Jahren von meiner Mutter mit einem „Pinkerl" vor die Wohnungstür gestellt worden zu sein. Es war eine Windel, in der die notwendigsten Utensilien eingepackt worden waren. Ich hatte unabsichtlich ein Stück Stoff zerschnitten, welches meine Mutter, sie war Schneiderin, für eine Kundin gebraucht hätte.

Eine andere Strafe war der finstere Raum, in den ich gesperrt wurde, wenn ich nicht brav gewesen war. Dazu kam, dass ich als Älteste für meine beiden jüngeren Geschwister verantwortlich gemacht wurde und das bereits im Alter von sechs Jahren. Meine Eltern gingen abends gemeinsam weg. Wenn wir in der Nacht aufwachten und weinten, schoben die Nachbarn Schokolade durch den Türschlitz, um uns zu beruhigen. Für mich waren dies Angsterlebnisse: Angst vor dem Verlassen werden, vor der Dunkelheit, vor der Strafe, wenn ich nicht folgsam gewesen bin.

Als ich mit Mentaltraining begann, erkannte ich ziemlich schnell, dass ich mich mit meinem „inneren Kind" auseinander setzen musste, damit sich mein Leben ändern konnte.

Ich kaufte zuerst ein Buch, aber als ich zu der Stelle kam, wo ich mir ein Kind vorstellen sollte, um es zu halten und zu lieben, musste ich weinen. Somit beschloss ich, dieses Kapitel mit fachlicher Hilfe in Angriff zu nehmen. Ich besuchte das Seminar, „Das innere Kind", bei Frau Prof. Zinterhof und ließ mich von ihr begleiten. Mir liefen zwar auch hier die Tränen über das

Gesicht, aber ich war darauf vorbereitet, alles zuzulassen, nichts zu unterdrücken, um mein inneres Kind zu heilen.

So kam mir ein Kind entgegen, in einem viel zu hohen Gras kam es auf mich zu, und ich erkannte mich von unzähligen Fotos: langes, blondes Haar mit einer riesengroßen Masche, ich trug ein hübsches rosa Kleid mit einem weiten, steifen Rock – ich sah aus wie eine Puppe.

Ich nahm dieses Kind auf den Schoß, umarmte es, streichelte es, gab ihm all die Liebe, die ich nach meinem Gefühl von meiner Mutter zu wenig bekommen hatte und versicherte diesem kleinen Mädchen, dass es nie wieder Angst haben müsse, dass ich es nie verlassen werde und dass ich es immer lieben werde.

Diese Übung wiederholte ich noch einige Male alleine und mittlerweile ist der Kernsatz: Sei lieb, artig, hübsch und bedürfnislos, dann hat man dich lieb! – im Auflösen begriffen.

Einige Wochen später: Nachdem ich mit der Heilung meines inneren Kindes einen gewaltigen Fortschritt in meiner persönlichen Entwicklung gemacht hatte, überdachte ich auch meine bisherige Meinung, meine Eltern seien an alldem Schuld, was mir in meinem bisherigen Erwachsenenleben zugestoßen war. Ich machte vor allem meine Mutter verantwortlich für meine Beziehungsprobleme, meine Bedürfnislosigkeit, meine Angepasstheit bis zur Selbstaufgabe und für mein Verantwortlich-sein-müssen für alles und alle. Schließlich war sie es ja, die mich zu der Frau erzogen hatte, die ich jetzt war. Ich erkannte, dass ich so nicht weiterkommen konnte.

Zuerst nahm ich mir die Kindheit meiner Mutter vor: ungewollt – meine Großmutter wollte lieber ins Kloster – Kriegskind, 1935 geboren – Angst vor Bomben – kaum etwas zu essen – keinen Vater, der war ja im Krieg und danach in Gefangenschaft, mit 17 Heirat, weil ein Kind unterwegs war, welches sie verlor.

Dann die meines Vaters: ebenfalls ungewollt – als Kleinkind von der Mutter wegen eines anderen Mannes verlassen – von einer

Stiefmutter aufgezogen, die ihre eigenen Kinder bevorzugte und ihn schlug – zur böhmischen Großmutter abgeschoben – ständig krank.

Also machte ich mich daran, auch ihre inneren Kinder zu heilen. Ich sah meine Mutter als verängstigtes, kleines Mädchen, am Rockzipfel meiner Großmutter hängen. Ich nahm sie auf den Schoß, streichelte sie, versicherte ihr, dass es nie wieder Krieg geben werde und dass sie keine Angst haben müsse. Ich schickte ihr viel Liebe und hüllte sie in Licht ein. Mein Vater war ein kränkelnder kleiner Junge, hin und her geschoben musste er schon früh lernen, sich dem Leben zu stellen. Seinem inneren Kind versuchte ich die Liebe zu geben, die er in seiner Kindheit so vermisst hatte.

Ich erkannte, dass mich meine Eltern nur so erziehen hatten können, wie es ihnen möglich gewesen war. Sie hatten mir nie absichtlich wehgetan, schon gar nicht seelisch! Sie konnten nicht anders, weil auch sie nur Ergebnisse von Eltern und deren Erziehung waren und ebenso durch Kernsätze aus ihrer Kindheit geprägt worden waren.

Mein Vater ist leider vor 10 Jahren, mit 58 an Krebs gestorben. Er konnte weder seiner Mutter, geschweige denn seiner Stiefmutter verzeihen. Es war ihm auch nicht möglich, jemanden um Entschuldigung zu bitten.

Seit ich versucht habe, auch das innere Kind meiner Elternteile zu heilen und vor allem meiner Mutter keine Schuld mehr zuschreibe für das, was in meinem Leben weniger gut verlaufen ist, hat sich das Verhältnis zueinander merklich gebessert. Das Schöne daran ist: Ohne von meinen Bemühungen etwas zu wissen, tat meine Mutter meiner Schwester kund, sie habe das Gefühl, dass sich in unserer Beziehung zueinander einiges gebessert hätte.

ÜBERWINDUNG VON EIFERSUCHT

DAS INNERE KIND ALS URSACHE FÜR EIFERSUCHT

Eifersucht ist ein kindliches Verhalten. Ein Kind braucht die Liebe und Zuwendung der Mutter oder einer anderen Bezugsperson. Es ist davon abhängig. Wenn es auch nur kurze Zeit alleine ist und die Mutter aus dem Blickfeld verschwindet, so entsteht Angst, oft sogar Panik.

Wenn ein Kind viel Liebe und Zuwendung bekommt, wenn es gelobt und geschätzt wird, dann entwickelt es Urvertrauen, innere Sicherheit und innere Stärke.

Fehlt die nötige Zuwendung und der ebenso nötige Hautkontakt, dann bleibt der Mangel und wird ins Erwachsenenleben mitgenommen. Später sucht man, ohne dass es einem so richtig bewusst wird, das, was gefehlt hat, beim Partner, Freund oder anderen nahestehenden Menschen.

Es stellen sich zwei Fragen:
Was kann ich tun, um meine Eifersucht zu überwinden?
Wie kann ich einer nahestehenden Person helfen, ihre Eifersucht aufzulösen?

Solange die Energie, die wir brauchen, gespendet wird, geht es uns gut und Harmonie ist vorhanden. Wendet sich die Person, die nun begonnen hat, den Mangel in uns auszugleichen, aus irgendeinem Grund anderen zu, so entsteht wieder Angst. Eifersucht wird spürbar. Diese Eifersucht ist Angst, dass die Quelle der Liebe und Zuwendung versiegt.

Manchmal schlägt Liebe, die keine wirklich Liebe ist, sondern besitzergreifend ist, sogar in Hass oder Aggression um. Die beiden negativen Energien sind auch nichts anderes als verkleidete Angst.

Wenn uns das Leben in eine entsprechende Situation führt, so macht es uns aufmerksam, dass wir unser inneres Kind heilen und die Liebe zu uns selbst pflegen sollten.

Bei einem reifen Menschen, mit einem fröhlichen und zufriedenen inneren Kind, der seinen Wert kennt und stets mit der wahren, nie versiegenden Quelle der Liebe, der höchsten Kraft verbunden ist, erwirkt das Abwenden eines nahestehenden Menschen keinen Selbstwerteinbruch, keine Verzweiflung. Er weiß, dass wir das, was zu uns gehört, nicht verlieren können und was nicht zu uns gehört, auf die Dauer nicht zu halten ist. Wenn ich mich bemühe, mein Bestes gebe und der Partner oder Freund trotzdem aus irgendeinem Grund gehen will, so wird in Wahrheit Raum geschaffen für etwas Neues, Stimmigeres.

Niemand ist das Eigentum eines anderen. Es kommt immer wieder vor, dass ein Mensch in unser Leben tritt, der uns tief in der Seele berührt. Wenn nun ein Partner oder Freund nicht in sich ruht, keine gefestigte Persönlichkeit ist, dann kann es zu Eifersucht und zu einer Krise kommen. Das innere Kind hat Angst.

Jede Krise ist eine Chance, zu begreifen und zu lernen, zu wachsen und zu reifen. Wenn sich das Ego sperrt und nicht bereit ist, an sich zu arbeiten, sondern in Selbstmitleid versinkt, dann entsteht Abhängigkeit von etwas, das kurze Zeit ein angenehmes Gefühl vermittelt. Manche Menschen beginnen mehr Süßes zu essen als ihnen gut tut oder flüchten in Alkohol, kaufen mehr ein als sie brauchen, rauchen mehr als sie sich vorgenommen haben usw. Immer wieder gleitet dann jemand in eine Sucht. Er sucht eigentlich Liebe, Verständnis und Zuwendung, sucht sich selbst. Ohne Heilung des inneren Kindes und bewusstes Anschließen an die eine, höchste Kraft, die Quelle der universalen, alles überwindenden Liebe ist ein Loslassen und wirkliches Freiwerden kaum möglich.

Eifersucht, die wir in uns spüren, ist eine Aufforderung, sich um unser inneres Kind und die Entwicklung unserer Persönlichkeit zu kümmern. Sie ist aber auch ein Hinweis, dass wir die wahre Liebe, die selbstlose, bedingungslose Liebe noch nicht leben.

Sobald wir Eifersucht bei einem uns nahestehenden Menschen merken, so können wir helfen, indem wir uns das kleine Mädchen oder den kleinen Buben im Partner ansehen und dem inneren Kind in Gedanken immer wieder in einer ruhigen Stunde viel Liebe senden. Auf diese Weise sind wir dem anderen Chance, zu wachsen und zu reifen. Durch Nörgeln und Jammern wird nichts besser.

5. KAPITEL

ERFASSEN UND ÜBERWINDEN VON DISHARMONIEN

Das Problem der heutigen Zeit ist nicht die Atomkraft, sondern das Herz des Menschen

Albert Einstein

Das entscheidende geistige Gesetz der Harmonie besagt:

Solange wir mit uns selbst oder irgendjemandem in Disharmonie leben, können wir nicht vollkommen gesund, erfolgreich und liebenswert sein. Jedes Miteinander ist dadurch gestört. Disharmonien belasten uns bewusst oder unbewusst. Sie kosten uns Kraft. Ich empfehle Ihnen, sich Zeit zu nehmen und einen ruhigen Ort aufzusuchen. Schließen Sie dann Ihre Augen und gehen Sie in Gedanken alle bisherigen Beziehungen durch. Beginnen Sie am besten in Ihrer frühesten Kindheit. Denken Sie an die Mutter, den Vater, die Großeltern oder andere Bezugspersonen, an eventuelle Geschwister, Lehrer sowie an die erste Liebe. Auch eine eventuelle frühere Beziehung und Freunde sollten wir ins Bewusstsein nehmen. Sobald Sie sich in Gedanken mit einer dieser Personen beschäftigen, werden Sie entweder ein angenehmes Gefühl verspüren oder aber Angst, Groll, Ablehnung und ähnliche negative Empfindungen.

VON ENERGIEBLOCKADEN BEFREIEN

Der erste Schritt zur Harmonie ist ein Gespräch von Seele zu Seele. Wenn ich mich auf die Seele eines anderen Menschen eingestellt und alles was es zu sagen gibt in Gedanken ausgesprochen habe, dann wende ich mich meinem Herzen zu. Es arbeitet Tag und Nacht für mich, ist aber häufig von alten, oft schon lange andauernden Energien blockiert. Ich frage nun mein Herz wie einen lieben Freund Folgendes: In welchem Teil hat sich die negative Energie, die durch Disharmonie mit dem betreffenden Menschen entstanden ist, eingelagert. Liegt sie außen im Herzbeutel oder mehr rechts oder links oder ganz innen in den Herzklappen. Das Herz antwortet über unsere Intuition. Wir spüren deutlich, in welchem Bereich eine Blockade vorhanden ist. Die nächste Frage an mein Herz lautet: Welche Farbe brauchst du, um diese negative Energie aufzulösen? Wieder werde ich eine Antwort erhalten. Es fällt mir ganz plötzlich eine Farbe ein, oder ich sehe sie vor mir.

Verlassen Sie sich ganz auf Ihre innere Weisheit. Vertrauen Sie ihr, sie weiß, was nötig ist und dem Herzen hilft, die dereinst bei einem schlimmen Streit, einer Kränkung oder Enttäuschung eingelagerte negative Energie wieder los zu werden. Es ist nicht unbedingt wichtig, die Bedeutung der Farben zu kennen. Die Weisheit in uns ist der beste Berater, den es gibt. Nun hüllen Sie in Gedanken den Teil des Herzens, der betroffen ist, ganz in die gewünschte Farbe ein. Lassen Sie diese Farbe wirken, bis Sie merken, dass sich die negative Energie vollkommen aufgelöst hat. Es dauert kaum länger als einige Minuten und Erleichterung ist spürbar. Sobald dies der Fall ist, denke ich nochmals an die betreffende Person und lasse Licht und Liebe in deren Seele fließen. Es ist unbedingt nötig, zu verzeihen und vielfach auch, um Vergebung zu bitten. Man lässt wieder so lange Heilenergie, die man von der einen Kraft aufnimmt, in die helle Stelle im Herzen des Menschen, an den man denkt, strömen, bis man einen tiefen inneren Frieden verspürt. Wenn man auf diese Weise nach und nach alle vergangenen Disharmonien auflöst, so wird das Herz weit und frei. Alle beklemmenden Blockaden verschwinden. Das Blut kann dann völlig ungehindert durch die Gefäße strömen.

Immer wieder kommen Damen oder Herren zur Beratung zu mir, die sehr unglücklich sind, weil ein Mensch, der ihnen nahe stand, verstorben ist, ohne, dass vor dessen Tod ein bestehender Unfriede aufgelöst wurde. Sie leiden oft schon jahrelang unter Schuldgefühlen. Wir wissen aus der Metaphysik, dass Energie unzerstörbar ist. Energie kann nicht zerstört, nur umgewandelt werden. Wir alle sind ein Energiefeld. Irgendwann verlassen wir den Körper, so wie ein Schmetterling die Puppenhülle. Wir können die Seele dann nicht mit den Augen sehen und den Ohren hören, aber mit dem weit offenen Herzen spüren oder mit dem geistigen Auge erblicken. Ich habe in den letzten Jahren vielen Menschen den Weg zur Harmonie mit Verstorbenen gezeigt. Ob Mann, Frau oder Kind, sie alle nahmen die Seele wahr. Sobald die Energie der ins Licht gegangenen Seele erfassbar ist, kann man genauso vorgehen, wie bei noch Lebenden. Man kann wieder alles sagen, was noch zu sagen ist. Anschließend lässt man diese alles heilende Liebe, die alles wandelnde, ordnende und richtende Kraft der höchsten Intelligenz, über das weit offene Herz zu der betreffenden Seele fließen. Man wünscht ihr, dass sie Ruhe und Frieden findet. Manchmal wird uns bewusst, dass diese Meditation mehrmals wiederholt werden sollte. Nach einiger Zeit spüren wir, es ist jetzt gut so. Tiefe Harmonie breitet sich in uns aus.

BERICHT:

Vor einigen Jahren war ein elfjähriger Bub bei mir. Er hatte Krebs. Durch die Spiegelsaalübung wurde ihm klar, dass er den plötzlichen Tod seiner Oma nicht verarbeitet hatte. Die Oma war für ihn eine ganz besonders wichtige Bezugsperson. Ohne es zu wollen, war er voller Groll und Traurigkeit. Er stellte sich auf die Seele ein und spürte die Energie. Nun sprach er von Seele zu Seele mit ihr. Über sein weit offenes Herz fühlte er Liebe und die Wärme. Er hörte in sich die Botschaft, „Du schaffst es. Du wirst gesund". Von da an ging es dem Buben besser und besser. Die innere Heilkraft begann zu fließen und er war sehr bald wieder ganz heil. Der Bub ist inzwischen ein dynamischer, junger Sportler geworden.

So lange eine Disharmonie besteht, rinnt uns förmlich die Energie aus. Wenn wir energielos sind, belastet dies unsere Partnerschaft und auch alle anderen zwischenmenschlichen Beziehungen. Wir sind dann oft ungerecht, leicht reizbar und wenig belastbar. Falls wir Schuldgefühle verspüren, sollten wir der von uns geschädigten oder verletzten Seele besonders viel Licht senden. Ich empfehle Ihnen, eine Weile auf verschiedene Vergnügungen und Freizeitbeschäftigungen zu verzichten und sich ausreichend Zeit zu nehmen. Sie können auf diese Weise vieles nachträglich gutmachen. Sobald Sie über die innere Weisheit erfassen, dass die Schuld getilgt ist, versäumen Sie bitte nicht, sich selbst zu vergeben. Sie konnten dereinst nicht anders. Sie waren noch nicht so weit wie jetzt, sonst hätten Sie anders gehandelt. Denken Sie immer wieder daran: Irren ist menschlich, verzeihen ist göttlich.

In Amerika hat man die Lebensgeschichten von 86.000 Krebspatienten genauestens untersucht. Es wurde festgestellt, dass Hass, Groll oder Schuldgefühle bei allen Patienten die wirkliche und eigentliche Ursache für die Krankheit waren.

Disharmonien belasten das Immunsystem und können schließlich zu schweren Erkrankungen führen. Es wird aber nicht nur die Gesundheit belastet. So manche Partnerschaft ist an nicht bereinigtem Groll oder Schuldgefühlen, die zu Missmut und Unzufriedenheit, zu Lieblosigkeit sich selbst gegenüber und zu Unausgeglichenheit führen, zerbrochen.

Erst wenn wir am Morgen die Augen aufschlagen und fühlen, dass wir mit aller Welt in Harmonie sind, dann bewegen wir uns auf dem Weg der Liebe und Weisheit und haben einen Großteil unseres einengenden Egos überwunden. Erst dann steht einem lebenslangen Erfolg in allen Bereichen nichts mehr im Weg.

DAS SCHLIESSEN OFFENER BEZIEHUNGSKREISE

Was ebenfalls viel Energie kosten kann und jedes Miteinander schwer belastet, ohne dass uns dies bewusst ist, sind sogenannte offene Kreise bezüglich früherer Beziehungen oder nicht mehr stimmiger Freundschaften. Diese wirken sich auch störend auf das Berufsleben aus.

Wenn jemand eine Partnerschaft beendet hat, so kann trotz Abbruch einer Beziehung oder Scheidung ein Energieband bestehen bleiben, das eine wirkliche innige Zuwendung zu einem neuen Partner verhindert.

Ein neu erwählter Partner fühlt, dass etwas fehlt und ist oft verwirrt, gekränkt oder zieht sich seelisch mehr und mehr zurück. Viele Leute erkennen nicht, dass es an ihnen selbst liegt, wenn eine ersehnte Innigkeit fehlt. Es ist ihnen nicht bewusst, dass sie mit einem Teil ihres Herzens noch in der vergangenen Beziehung verhaftet sind. Sie haben nicht wirklich losgelassen, in Liebe losgelassen.

Nehmen Sie sich Zeit, um zu erfassen, ob dies bei Ihnen der Fall ist.

Denken Sie einmal an die erste Liebe und eventuelle frühere Partner. Fühlen Sie eine gewisse Wehmut? Wenn ja, dann empfehle ich Ihnen folgende Übung:

Übung:

DAS SCHLIESSEN OFFENER KREISE

- Ziehen Sie sich zurück und schließen Sie Ihre Augen. Sorgen Sie dafür, dass Sie nicht gestört werden. Konzentrieren Sie sich auf Ihren Atem und Ihre Mitte.
- Wenn Sie eine tiefe innere Ruhe spüren, dann stellen Sie sich vor, dass Sie auf einer Wiese stehen, auf einer Frühlingswiese. In der Ferne sehen Sie eine Gestalt, die sich langsam nähert. Allmählich erkennen Sie, dass Ihr früherer Partner oder Freund auf Sie zukommt. Er bleibt vor Ihnen stehen und sieht Sie ruhig an.

– Sie sprechen nun in Gedanken zu ihm, sagen ihm danke für alle schönen Stunden aber auch danke für die schweren, denn das Schwere bringt uns weiter. Wir lernen daraus, auch wenn dies oft schmerzhaft ist.
– Nun wünschen Sie dem früheren Partner Glück und Harmonie, lächeln ihm zu und sagen ihm in Gedanken: Ich schlage jetzt meinen Weg ein und du den deinen. Gehe in Frieden aus meinem Leben, ich wünsche dir alles erdenklich Gute.
– Sie wenden sich nun ab und lassen Licht auf den Weg fließen, der jetzt vor Ihren Füßen beginnt.

In manchen Fällen ist es nötig, diese Übung zu wiederholen, bis man fühlt, bis man weiß und merkt, dass das Herz leicht und frei ist. Erst jetzt ist es möglich, sich einem neuen Partner voll und ganz zuzuwenden. Auch im Beruf sind wir durch diese Übung wieder unbelastet und voll und ganz bei der Sache.

LOSLASSEN VON ERWARTUNGEN

Ich empfehle Ihnen mehr und mehr, alle Erwartungen loszulassen bezüglich dem Verhalten und dem Agieren anderer.

Immer wieder hatte ich Erwartungen, dass Freunde und andere nahestehende Menschen an dies und jenes denken würden, dies und jenes verstehen würden usw. Es hat sehr lange gedauert, bis ich so weit war, dass ich alle diese Erwartungen loslassen konnte. Sobald wir nichts erwarten, wird uns so viel geschenkt. Immer wieder springt unser Ego dazwischen und meint, also bitte, ich tu alles für sie oder ihn und man denkt nicht an mich, nimmt keine Rücksicht auf mich. Viele Angestellte erwarten Lob und Anerkennung von ihren Vorgesetzten. Meist äußern sich diese allerdings nur, wenn etwas nicht stimmt. Sie haben auch ein inneres Kind in sich, das häufig selbst Anerkennung und Lob bräuchte. Sie denken einfach nicht daran, dass Lob nach oben zieht und motiviert.

Ich kann nur immer wieder an das chinesische Sprichwort erinnern: *Solange wir einem anderen (auch Partner, Kind) sein Anderssein nicht zubilligen, sind wir noch weit ab vom Weg.*

Man sollte alle Erwartungen an andere loslassen, denn vor jeder Enttäuschung steht eine Erwartung.

EINE KLIENTIN UND SEMINARTEILNEHMERIN ERZÄHLT IHNEN IM FOLGENDEN BERICHT IHRE ERFAHRUNGEN.

Am Freitag vor Muttertag besuchte ich ein Seminar, welches sich mit „Loslassen" beschäftigte. Mit guten Vorsätzen verließ ich Tattendorf. Was ich gelernt hatte, sollte ich zwei Tage später unter Beweis stellen: Mein dreizehnjähriger Sohn richtete das Frühstück. Als ich um halb neun aufstand, rann mir bereits die Butter entgegen, der Schinken war verfärbt, die aufgebackenen Semmeln waren schon wieder hart, die Servietten fehlten und von Blumen war weit und breit nichts zu sehen.

Ich war enttäuscht – ich hatte schon sehr viel schönere Tische gedeckt bekommen, da war weit und breit kein Muttertag in Sicht gewesen! Das Geschenk für mich hatte er in Wien vergessen, wir waren in der Steiermark. Nicht, dass ich ein Riesengeschenk erwartet hatte, aber ich hatte das Gefühl, niemand machte sich über mich Gedanken! Nicht einmal eine Glückwunschkarte oder ein paar liebe Zeilen hatten den Weg zu mir gefunden.

Nun gut, dachte ich, ist ja nicht so wichtig! Was ist schon Muttertag, ohnehin nur ein Tag für die Blumenbinder und Gasthäuser, in denen endlose Wartezeiten an der Tagesordnung standen, weil die Mütter einmal im Jahr ausgeführt werden. Aus diesem Grund ließen wir auch das Mittagessen aus und gingen ins Freibad, wo trotz des schönen Wetters Besucherflaute herrschte. Anscheinend hatten sich die anderen Mütter ins Getümmel geworfen!

Am Abend stellte ich mich in die Küche, um für die Familie das Abendessen zuzubereiten. Und dann kam das Gefühl hoch, das ich den ganzen Tag unterdrückt hatte. Mein EGO bekam Oberhand und holte zum Rundumschlag aus: Meinem Sohn hielt ich den lieblos gedeckten Frühstückstisch vor und tat meine Enttäuschung kund, dass er sich überhaupt keine Überraschung für mich ausgedacht hatte, geschweige denn mich in irgendeiner Art am heutigen „Ehrentag" verwöhnt hätte.

Dem Vater meines Sohnes hielt ich den Riesenblumenstrauß vor, den er mir in meinen Augen nur als Mittel zum Zweck geschenkt hatte, – und überhaupt – wer mache sich schon Gedanken über meine Wünsche und Bedürfnisse, wo ich doch immer für die anderen alles ...

Die Antwort meines Sohnes kam prompt und schonungslos: „Was kann ich dafür, wenn du dir immer so viel erwartest!"

LOSLASSEN DER VERGANGENHEIT

GESTÖRTES MITEINANDER DURCH NICHT BEWÄLTIGTE VERGANGENHEIT

Nun will ich Ihnen noch eine besonders wichtige Empfehlung für Ihr Leben mitgeben.

Wenn Sie ein harmonisches Miteinander anstreben, so ist es unerlässlich, die Vergangenheit zu segnen und loszulassen. Wenn wir immer wieder in der Vergangenheit leben, so belasten wir uns selbst und alle Menschen, die mit uns leben. Alles hat seinen Sinn. Nichts im Leben ist umsonst, aus schwierigen Situationen lernen wir, wenn wir dazu bereit sind.

Die Vergangenheit ist vorbei, für immer vorbei. Für ein Leben in Liebe ist die Gegenwart entscheidend. Sobald wir voll und ganz in der Gegenwart leben, reihen wir einen erfüllten Augenblick an den anderen und vermeiden eine unnötige Energieverschwendung. Falls Sie erkennen, dass es Ihnen noch schwer fällt, so ganz im Hier und Jetzt zu sein, dann arbeiten Sie den Teil des Buches besonders intensiv durch, der sich mit dem inneren Kind und dem Umerleben von nicht verarbeiteten Ereignissen beschäftigt.

Die nun folgende Blumenmeditation ist eine große Hilfe beim Loslassen der Vergangenheit.

Übung:

BLUMENMEDITATION

– Ich schließe meine Augen und atme tief ein und tief wieder aus. Langsam lasse ich die Außenwelt los und sinke in mich hinein, ich sinke in meine lichte Innenwelt, ich fühle jetzt Ruhe in mir, Ruhe und eine wunderbare Gelassenheit.
– Nun schau ich mich einmal um. Ich stehe auf einer Wiese, auf einer wunderschönen Frühlingswiese. Es duftet nach Jasmin, ich nehme diesen Duft

ganz in mich auf. Ich höre jetzt die Vögel zwitschern, spüre die warme Sonne auf meiner Haut. Langsam setze ich mich nieder und ich lege die Hände ineinander.

- Ich schaue jetzt mit meinem inneren, geistigen Auge auf meine Hände und ich nehme eine Blume wahr. Ich schau mir diese Blume ganz genau an, ist die Blüte offen oder geschlossen? Ist sie zart oder fest? Ist sie eher blass oder voller Leuchtkraft? Wie wirkt diese Blüte auf mich? Was drückt diese Blüte für mich aus? Die Blüte entspricht meinem eigenen Sein. Gott hat sie mit viel Liebe geschaffen, in all ihrer Schönheit, mit all ihrem Wert – so auch mich selbst.
- Manchmal fällt Regen auf die Blüte, schwere Tropfen, die Blüte wird erschüttert. Aber die Tropfen helfen der Blume, sie helfen ihr beim Wachsen. Sie wird dadurch stärker und gesünder und reifer. Auch uns trifft so manches und es ist notwendig, notwendig für unser geistiges Wachstum. Es wird mir bewusst, dass uns alles Schwere weiterbringt. Sobald der Regen vorbei ist, scheint wieder die Sonne, die Blume öffnet sich ganz weit. Auch wir sollten uns immer wieder öffnen und Licht und Wärme von oben aufnehmen.
- Die Blume sendet ihren Duft aus, einen wunderbaren Duft. Sie sendet ihn auch aus, wenn niemand da ist, der sie bewundert, niemand, der an ihr schnuppert. Und wieder können wir von der Blume lernen, wir können Liebe aussenden, auch dann, wenn wir allein sind, wenn wir mit dem All eins sind, wenn wir gelernt haben, eins zu sein mit der Mutter Erde und eins zu sein mit dem Kosmos. Es wird uns dann bewusst, dass wir all die Liebe, die wir brauchen in unserem eigenen Herzen haben. Wir sind erfüllt von Licht und Liebe, von dieser universalen Liebe, die uns alle verbindet. Und so lasse ich jetzt diese Liebe fließen, lasse sie fließen hinaus in die Welt.
- Und wieder spüre ich eine tiefe, innere Ruhe, ich spüre Zufriedenheit und diese Zufriedenheit ist mein Beitrag, mein Beitrag zum Frieden in der Welt. Ich lasse die Vergangenheit los, segne die Vergangenheit und lasse sie los. Die Energie, die wir Segen nennen, ist die alles richtende, ordnende Energie des Universums. Nun segne ich meine Gesundheit, segne Körper und Seele, ich segne vor allem den Weg, den Weg, der vor mir liegt. Ich sehe jetzt diesen Weg in mir, er ist in Licht getaucht, in strahlendes, warmes Licht.
- Dann atme ich tief ein und ganz tief wieder aus. Ich strecke und recke mich und kehre ganz langsam, so langsam wie es für mich persönlich stimmt, wieder zurück ins Hier und Jetzt. Ich öffne meine Augen und bin wieder im Hier und Jetzt.

URTEILEN UND VERURTEILEN

Ein Störfaktor für ein sinnvolles Miteinander ist das Urteilen und Verurteilen. Es stört, wie schon erwähnt, unser Charisma. Dieses Verhalten bringt immer wieder Leid in die Welt, zerstört Freundschaften und Beziehungen. Wir können anderen Unterstützung geben, indem wir ein sinnvolles Vorbild werden und sie aufrichten statt zu urteilen. Vielfach kennen wir die Vorgeschichte für ihr Verhalten zu wenig oder gar nicht.

DER WEG DER WEISHEIT

Eines Tages wurde ich am Morgen wach und fühlte mich so gar nicht wohl. Da ich zwei Tage später eine interessante Reise antreten wollte, ließ ich die Sache nicht auf sich beruhen. Es war mir klar, dass ich Durchblick gewinnen sollte, um dieses Befinden zu verstehen und das Notwendige zu tun. Tief in mir wusste ich, wenn ich diese Ölkontrolllampe, diese Meldung des Körpers, nicht beachte, dann werde ich krank. Um die Ursache zu erkunden, wendete ich die sogenannte Spiegelsaalübung an.

Ich nahm mir Zeit, setzte mich vor den Spiegel der Erkenntnis in meinem Spiegelsaal und bat meine innere Weisheit, mir Klarheit zu verschaffen, mir zu zeigen, was der eigentliche Grund für dieses ungute Befinden ist. Ruhig, entspannt und voller Vertrauen wartete ich ab und plötzlich war ein Bild da. Ein Fluss war zu sehen und eine Brücke. Ich selbst stand auf einer Wiese vor der Brücke. Auf der anderen Seite erblickte ich eine Steintreppe, die auf ein Hochplateau führte. Dieses Plateau lag im strahlenden Licht. Ich wusste zunächst nicht, was dies bedeuten soll. Wieder bat ich meine innere Weisheit, mir deutlich zu vermitteln, welche Botschaft in diesem Bild verborgen war. Nun sah ich Schwemmholz auf dem Fluss. Auf einem Stück Holz erschien das Wort urteilen und auf einem anderen verurteilen. In diesem Moment war mir alles klar.

Drei Wochen vor diesem Tag hörte ich bei einem Seminar, das ich besuchte, dass es für einen Homo sapiens nicht stimmig ist, andere Menschen auszurichten und schlecht über sie zu sprechen. Damals spürte ich, dass ich dieses Verhalten, das mir dereinst vorgelebt worden war, loslassen will. Ich nahm mir vor, einen neuen Weg zu gehen, vergaß dies aber bald wieder und fiel in das alte Muster zurück. So geriet ich unbewusst in Disharmonie mit mir selbst. Es wurde mir klar, dass ich auf eine höhere seelische Ebene komme, wenn ich das Ureilen und Verurteilen aufgebe. Es steht uns nicht zu.

Wenn wir jedem Menschen, dem wir begegnen, viel Licht senden und ihm wünschen, dass er seinen stimmigen Weg findet, so ist dies viel sinnvoller und wertvoller. Wir vermehren dadurch die positive Energie in der Welt. Wenn wir urteilen und verurteilen vermehren wir die negative Schwingung. Dies bringt uns nach dem Gesetz von Ursache und Wirkung kein Glück.

Ich trage das Bild der inneren Weisheit stets in mir. Es hilft mir bei meinem Vorhaben zu bleiben und das zu leben, was für mich stimmt.

EIN WEITES, OFFENES HERZ

DAS HERZ ÖFFNEN

Eine beglückende Partnerschaft und ein erfolgreiches Miteinander sind nur dann möglich, wenn unser Herz offen ist. Bei vielen Menschen ist dies nicht wirklich der Fall.

Wie kann ich prüfen, ob mein Herz ganz geöffnet ist und was kann ich tun, damit es für immer offen bleibt? Auch dafür bieten sich hilfreiche Übungen an.

Wieder ist Zeit und Ruhe erforderlich. Nehmen Sie sich Zeit dazu an einem nicht verplanten Wochenende.

Übung

- Legen oder setzen Sie sich entspannt hin, schließen Ihre Augen und beobachten Sie Ihren Atem. Sobald dieser gleichmäßig und ruhig fließt, lassen Sie Energie von der Urkraft über die gedachte Blüte auf dem Scheitel in sich einfließen. Tanken Sie so lange Energie auf, bis Sie merken, dass Sie für den nächsten Schritt bereit sind.
- Nun nehmen Sie Licht auf, goldenes, warmes, heilendes Licht, lassen Sie dieses fließen, bis Sie fühlen, dass Sie durchlichtet sind, durchlichtet bis in die letzte Zelle. Atmen Sie bewusst tief ein und tief wieder aus.
- Nun spüren Sie ein Kind auf Ihrem Schoß, Ihr inneres Kind. Legen Sie Ihre Hand auf das kleine warme Kinderherz, fragen Sie das Kind: Bei welchem Ereignis habe ich aus Wut, Angst oder Schmerz mein Herz verschlossen? Wir alle haben viele solche Szenen erlebt und verdrängt. Es wird nun ein Bild erscheinen, ganz gleich was kommt, lassen Sie es zu. Die innere Weisheit führt Sie und zeigt Ihnen, was noch belastend in Ihrem Unterbewusstsein vorhanden ist. Sie sind angeschlossen an die höchste Weisheit, die höchste Kraft, an den Zentralcomputer. Die Antwort auf Ihre Frage ist in diesem Computer gespeichert.
- Sie lassen nun über das innere Kind die Antwort bewusst werden. Nun fragen wir unseren Körper, in welchem Organ sich die negative Energie,

die in der damaligen Situation entstanden ist, eingelagert hat. Wenn man für eine Antwort offen und bereit ist, wird ein gewisser Druck in irgendeinem Teil des Körpers spürbar.

- Nun fragen Sie, welche Farbe notwendig wäre, um diese Blockade aufzulösen. Sobald Sie eine Antwort haben, hüllen Sie das entsprechende Organ in die gewünschte Heilfarbe ein. Lassen Sie diese so lange wirken, bis Sie fühlen, dass sich die negative Energie völlig aufgelöst hat. Manchmal werden mehrere Farben gewünscht.
- Wenn Sie nun drei oder vier Bilder unwirksam gemacht haben und auch die Blockaden aufgelöst sind, dann denken Sie wieder an Ihr Kind auf dem Schoß. Das Kind legt nun seine kleine, warme Kinderhand auf das Herz des Erwachsenen.

DAS HERZ GEHT AUF UND BLEIBT OFFEN

Nach einer kurzen Weile fragen Sie Ihr inneres Kind, in welcher Situation hat sich Ihr Herz aus Freude oder Dankbarkeit weit geöffnet? Jeder von uns hat auch solche Erlebnisse gehabt. Wenn nun ein Bild in Ihnen aufsteigt, dann fühlen Sie sich ganz hinein. Sie sind noch einmal in dieser Situation und spüren die Freude, spüren wie sich Ihr Herz weit öffnet. Alles wird leicht und frei. Sie denken an die eine höchste Kraft, die Quelle des Lichtes und der bedingungslosen Liebe.

Lassen Sie in Gedanken Licht von oben auf sich herabfließen und hüllen Sie sich, wie im ersten Kapitel beschrieben, in eine schützende Lichtglocke ein.

Wenn andere Menschen nicht in ihrer Mitte sind, wenn es ihnen nicht gut geht, dann entziehen sie uns, ohne es zu wollen und zu merken, viel Energie. Sobald wir uns aber eine mentale Schutzglocke aus Licht schaffen, kann uns keine unrunde Schwingung, keine Aggression mehr erreichen. Ich erinnere nochmals daran, dass dann niemand imstande ist, uns zu kränken oder zu verletzen. Wir sind geborgen in der Lichtglocke und können somit auch das Herz weit offen lassen. Es besteht keine Notwendigkeit mehr, das Herz zu verschließen. Je öfter wir diese Reinigungsübung durchführen, umso wohler fühlen wir uns.

Ein weit offenes Herz erhält uns nicht nur jung und gesund, wir leben dann auch liebevollere Beziehungen. Jedes Miteinander wird tiefer und inniger.

Wenn es einem anderen Menschen nicht gut geht, so registrieren wir dies und lassen Licht aus uns, als Geschenk zu ihm fließen. Was wir freiwillig geben, das wird uns nicht genommen. Wenn wir stets mit der „einen" Kraft verbunden und an sie angeschlossen sind, dann werden wir niemals leer. Dieses Licht aus einem offenen Herzen ist das wertvollste Geschenk, das wir einem anderen geben können, wertvoller als materielle Dinge.

Je mehr wir an positiver Energie schenken, umso mehr davon fließt in uns nach. Wenn der eigene Partner Sorgen und Probleme hat, so kann es leicht geschehen, dass er einmal unwirsch und unfreundlich ist. Seien Sie dann nicht unglücklich und betroffen. Sobald Sie durch die Lichtglocke geschützt sind und ihm wortlos und ruhig viel Licht spenden, das Licht tief in seine Seele fließen lassen, dann dauert es nicht lange und es kommt wieder menschliche Wärme zu Ihnen zurück.

Reagieren wir in so einem Fall allerdings gereizt, dann entsteht Streit und Unfriede. Sobald wieder Harmonie zu spüren ist, ist es angebracht, partnerschaftlich und freundlich darauf hinzuweisen, dass eine gewisse Achtsamkeit und Vorsicht in jedem Zusammenleben nötig ist, um die Liebe zu schützen, statt sie zu gefährden. Wenn andere an Ihnen herumnörgeln, ziehen Sie sich zurück und lächeln Sie sich in einem Spiegel liebevoll zu. Haben Sie einen Fehler gemacht, so ärgern Sie sich nicht über sich, fühlen Sie sich auch nicht minderwertig. Wir alle machen immer wieder einmal Fehler und sollten daraus lernen, statt uns abzulehnen. Sagen Sie sich: Ich liebe mich trotzdem. Sobald es möglich ist, uns selbst anzunehmen wie wir sind bzw. noch sind, können wir auch andere so annehmen wie sie sind. Wir helfen dann anderen Menschen bei deren Entwicklung, ohne sie anzugreifen und ohne sie zu kränken. Durch unser Vorbild sind wir ihnen Chance, sich zu verändern.

STRESSBEWÄLTIGUNG UND STÄRKUNG DER GESUNDHEIT

Ein herzliches Miteinander, Offenheit und positive Gefühle stärken die Gesundheit. Dies ergaben jahrelange Studien eines Forschungsinstitutes in Kalifornien. In den USA werden mentale Programme und Übungen, die den Menschen helfen, nach belastenden Situationen, Ärger oder Enttäuschung in Firmen und Schulen mit viel Erfolg eingesetzt.

Ein weit offenes Herz und eine schützende energetische Lichtglocke sind der Schlüssel zu körperlicher Vitalität, Stärkung der Abwehrkräfte und höherer Leistungsfähigkeit.

Ein weites offenes Herz und innere Ruhe bewirken einen gleichmäßigen, ausgewogenen Herzschlag sowie Harmonie und Ordnung im Zusammenspiel des riesigen Orchesters, des Organismus. Man hat nun erforscht, dass ein Mensch, der Herzlichkeit ausstrahlt und zentriert ist, auch bei in der Nähe befindlichen anderen Menschen Herz, Hirn, Nerven- und Hormonsystem messbar harmonisiert.

Das, was so manchem unglaublich erscheint, sind spektakuläre Ergebnisse zahlreicher Studien in den letzten zehn Jahren am „Institute of Heart Math" in Kalifornien.

Biologische Grundlagenforschungen haben ergeben, dass unser Herz keine mechanische Pumpe ist, sondern ein eigenes „Gehirn" und eine unabhängige Hormonproduktion besitzt, über die der ganze Organismus beeinflusst wird.

Damit wird die Wichtigkeit der mentalen Pflege und der mentalen Übungen zur energetischen Reinigung des Herzens wissenschaftlich bestätigt. Diese Übungen schützen Herz und Nieren und bewirken eine tiefgreifende Regeneration. Dass das Immunsystem messbar gestärkt wird und der gesamt Organismus vitalisiert wird, hat vor allem *Doc Lew Childre,* der Gründer des alternativen-medizinischen Instituts, „Institut of Heart Math", festgestellt. Es wurde auch erkannt, dass es nach starken negativen Emotionen, beispielsweise einem fünfminütigen Wutausbruch, bis zu sechs Stunden dauern kann, ehe sich die dadurch gestörten Abwehrkräfte wieder erholt haben.

Ärger, Angst und Stress bringen das vegetative Nervensystem, das zentrale Körperfunktionen wie Verdauung und Atmung regelt, aus dem Gleichgewicht. Laut einer Studie in den USA steigt dadurch das Krebsrisiko und die Gefahr, an Herz-Kreislauf-Erkrankungen zu sterben um 40 %. *Dr. Paul Rosch,* Präsident des Amerikanischen Instituts für Stressforschung betont, dass 75 bis 90 % der Arztbesuche wegen Stress durch Unausgewogenheit und Disharmonie erfolgen.

Die *Vulkanübung,* die ich im Kapitel über Ärger noch genauer erklären werde, oder die Übung *„Der Baum des Selbstvertrauens"* können regelmäßig eingesetzt, tiefgreifend helfen und vorbeugend wirken.

Auch ungelöste Probleme, die man vor sich herschiebt und Angst vor einem notwendigen Loslassen im privaten und beruflichen Bereich, führen zu Stress. Im ersten Stadium entstehen Schlafstörungen, Überreaktionen, Angstzustände, Atem- und Herzrhythmusstörungen.

Wirken die Stress erzeugenden Umstände weiter, so sinkt das Energiepotenzial stark ab, der Organismus verliert seine Regulationsfähigkeit. Erschöpfung, allgemeines Desinteresse, Depressionen, Reizdarm, Allergien, Asthma, Migräne und andere Störungen stehen damit in Zusammenhang.

Wenn wir achtsam sind und stets in einem mentalen Heilfeld, das gleichzeitig auch ein Intuitionsfeld ist, leben, so baut sich Stress erst gar nicht auf. Die ersten Anzeichen dafür, dass wir uns nicht mehr in unserer Mitte befinden, dass die Ausgewogenheit verloren ist, sind Muskelanspannungen im Schulter und Nackenbereich, Kopfschmerzen, Vergesslichkeit, erhöhte emotionale Empfindlichkeit, Hautreaktionen wie Neurodermitis und Verdauungsstörungen.

Doc Lew Childre, Pionier im Bereich Stressmanagement, meint, dass Leute, die mental geschult sind, intuitiv sofort merken, wenn sich eine Stresssituation aufzubauen beginnt und einen drohenden Stresskreislauf sofort unterbinden können.

Ich kann dies voll und ganz bestätigen. Obwohl ich rund um die Uhr im Einsatz bin und mein Terminkalender mehr als voll ist, gibt es für mich all die vorhin beschriebenen körperlichen Symptome nicht mehr. Auch meine zeitweilige Überempfindlichkeit ist gänzlich verschwunden.

Viele meiner Seminarteilnehmer und Klienten machen es mir bereits nach. Sie alle wenden regelmäßig ihr mentales Morgenprogramm an und leben stets in der Kraft.

Ich will Ihnen eine Übung anbieten, die es Ihnen auf einfache Weise ermöglicht, stets ausgewogen zu sein und im Gleichklang zu bleiben.

Die nun folgende Übung ist eigentlich keine Übung, sondern ein erstrebenswerter und leicht erreichbarer, wunderbarer Dauerzustand, der zu einem liebevollen und herzlichen Miteinander führt.

Diese Übung löst Stress auf der Stelle auf und führt zu einer besseren Kommunikation, einer größeren emotionalen Belastbarkeit, klareren Denkprozessen und einer erhöhten Kreativität.

Nach einigen Wochen des Übens sind wir jeden Morgen im Augenblick in diesem Zustand und gehen trotz größter Anforderungen besonnen, achtsam und ausgeglichen durch den Tag.

Übung

KRAFTFELD BZW. HEILFELD AUFBAUEN

Diese Übung wird von meinen Seminarteilnehmern ganz besonders geschätzt und mit großem Erfolg eingesetzt.

Immer wieder bekomme ich positive Rückmeldungen. Ich selbst kann mir ein Leben ohne diesen „Zustand" gar nicht mehr vorstellen. Jeden Morgen gehe ich in die Kraft und lebe den ganzen Tag aus der Kraft.

– Ich schließe meine Augen und atme tief ein und tief und entspannt wieder aus. Ich beobachte meinen Atem. Nun weite ich mich aus, das „Ich bin" wird weit. Ich bin Bewusstsein und dieses Bewusstsein verbindet sich mit dem höchsten Bewusstsein. Ich verschmelze mit der höchsten Intelligenz.

- Es wird mir bewusst, dass ich ein Teil dieser einen, ewigen Kraft bin. Ich gehe in die Kraft und baue ein Kraftfeld um mich auf. Nun lebe ich in der Kraft und aus der Kraft. Sie erfüllt mich bis in die letzte Zelle.
- Diese Kraft ist gleichzeitig Heilkraft und strömt in jede einzelne Zelle. Ich lebe nun in einem ständigen Kraft- und Heilfeld, bin bestens geschützt und bestens gestärkt.
- Heilung geschieht bei Tag und bei Nacht. Ich lasse dieses Heilfeld ganz weit werden und nehme die Menschen mit auf in dieses Feld, die zurzeit Kraft, Ruhe und Harmonie brauchen. Ich lasse aus Liebe, aus bedingungsloser Liebe, diese Energie auch in anderen Menschen wirken.
- So bin ich stets ein Kraft- und Heilfeld für jeden Menschen, dem ich begegne. Ich kann auch meine Firma oder mein berufliches Umfeld, meine Ausbildung und alles andere, was mir zurzeit wichtig ist, in dieses Heilfeld mit hineinnehmen.

Die ordnende, richtende Kraft sorgt dafür, dass sich alles so fügt, wie es nach der höchsten Weisheit stimmt. So lebe ich in einem weiten, offenen Bewusstsein und im Einklang mit der einen Kraft, mit der höchsten Intelligenz. Ich weiß dann auch in jeder Minute meines Lebens, was zu tun ist, was zu sagen ist und was nicht.

Ich lebe auf diese Weise in einem ständigen Intuitionsfeld und nehme wahr, was stimmt. Ich reihe einen erfüllten Augenblick an den anderen.

In diesem Bewusstsein ist ein Gegeneinander gar nicht möglich. Wir leben im Gleichklang der Kräfte und in einer inneren und äußeren Harmonie.

Es folgen nun einige weitere Übungen, die das Herz beleben und in weiterer Folge für Wohlbefinden von Körper und Seele sorgen. Sie alle lösen Stress auf, der jede zwischenmenschliche Beziehung belastet. Sie wurden am Heart-Math-Institut getestet.

1. Übung

In das Herz atmen und sich auf das Herz besinnen. Ich lenke meine Aufmerksamkeit in das Herz und lächle liebevoll hinein. Ich sage dem Herzen danke, für all seine Leistung. Schließlich tauscht es 80-mal im Laufe des Tages zirka 2,5 l Blut aus. Es ist Tag und Nacht für uns im Einsatz und dies ein ganzes Leben lang.

2. Übung

Ich denke an eine Situation in der mein Herz vor Freude oder Dankbarkeit ganz weit geworden ist. Ich erlebe diese Situation nochmals mit allem was dazugehört, bis ich die innere Weite wieder wahrnehme. Das Energiepotenzial steigt an. Diese Übung wird auch von Spitzensportlern genützt.

3. Übung

Ich lasse Licht, heilendes Licht von einer Sonne, die ich visualisiere in das Herz fließen und im Herzen wirken. Ich atme in mein Herz.

4. Übung

Ich hülle mein Herz in Gedanken in eine grüne Heilfarbe ein oder sitze in Gedanken auf einer Waldlichtung. Ich nehme grün mit allen Sinnen wahr und stelle mir vor, wie grüne Heilfarbe in mein Herz fließt. Ich lasse diese Energie so lange wirken, bis ich über meine Intuition merke, dass die innere Ruhe wieder hergestellt ist.

Durch diese Übungen wird die Intuition verbessert bzw. der innere Führer aktiviert.

In Amerika hat man in einigen großen Firmen eine wesentlich bessere Kommunikation und ein vermehrtes harmonisches Miteinander bei den Angestellten festgestellt, nachdem man ihnen Herzübungen in der eben besprochenen Art erklärt und angeboten hat.

Bei der Computerfirma Hewlett-Packard in Großbritannien verminderte sich die Zahl der Angestellten, die sich häufig erschöpft fühlten, von 46 % auf 9 %.

Die Canadian Imperial Bank of Commerce, die zweitgrößte Bank Kanadas, führte mit ihren 2.500 Leuten ein halbes Jahr lang einen Versuch durch. Sie praktizierten diese Herzübungen täglich. 82 % der Angestellten berichteten über eine Verbesserung der Gesundheit und ihres Allgemeinbefindens.

Eine Verbesserung der inneren und äußeren Harmonie, aber auch eine Steigerung der Leistungsfähigkeit um 86 %, der Kreativität und Intuition um 100 % wurde nach sechswöchiger Anwendungszeit der mentalen Herzübungen bei den Managern des Mineralölkonzerns Royal Dutch Shell festgestellt. Eine wesentlich bessere Organisation wurde ebenso spürbar.

Weitere Firmen, die die Übungen des Heart-Math-Instituts erfolgreich testeten, sind Motorola, der Flugzeughersteller Boeing und Cathay Pacific Airways.

Soldaten in 35 Stützpunkten der US-Army lernen diese Übungen ebenfalls. Viele Schüler haben berichtet, dass nach den Übungen Schulstress deutlich abgenommen hat.

Wenn wir unser Herz mental pflegen, verändert sich unser Bewusstsein. Der Weg vom so häufig vorkommenden Gegeneinander zu einem sinnvollen Miteinander ist offen.

6. KAPITEL

AUFLÖSEN VON ÄRGER

Glücklich ist derjenige, dessen Gedanken, Wort und Taten sich in Übereinstimmung befinden
Mahatma Gandhi

VOM HORMO SAPIENS ZUM HOMO SAPIENS

Ärger belastet nicht nur unsere Gesundheit, unsere Organe und Drüsen, sondern auch jede zwischenmenschliche Beziehung. Er macht alles im Leben nur noch ärger. Schauen wir uns doch mal an, wie Ärger eigentlich entsteht.

Jeder Mensch besitzt sein Ego aber auch einen edlen, göttlichen, guten Kern, sein wahres Selbst. Die meisten Menschen sind ohne es zu ahnen nicht wirklich erwachsen. Sie leben noch nach den Mustern ihrer Kinderzeit. Wenn ein Kind nicht das bekommt, was es will, dann schreit, tobt oder weint es. Manche ziehen sich auch in sich zurück, sind beleidigt und unansprechbar. Bei vielen Auseinandersetzungen stehen sich nicht zwei Erwachsene gegenüber, sondern Kinder, die meinen, je lauter man schreit oder je mehr Druck man ausübt, umso größere Chancen hat man, das zu erreichen, was man selbst bzw. das kleine Ego unbedingt erreichen will. Wer es versäumt hat, über spezielle Übungen wie z. B. „Der Baum des Selbstvertrauens" eine tiefe, innere Ruhe und echte Gelassenheit zu erreichen, um auch in Extremsituationen stets in der Mitte zu bleiben, benimmt sich immer wieder wie ein Kind. Ein reifer erwachsener Mensch reagiert niemals, sondern agiert.

Im Augenblick können wir in vielen Fällen ohnehin nichts ändern. Sobald wir stets mit unserer Intuition verbunden und an den Zentralcomputer angeschlossen sind, denken wir nur mehr in Lösungen. Wir nehmen den momentanen „Ist-Zustand" wahr und fragen sofort unseren inneren Mentor, welcher Schritt, welche Handlungsweise jetzt angesagt ist. Auf diese Weise kommen wir schnellstens vom Ist- zum Soll-Zustand. Wer nun auf dem Weg vom Kind zum Erwachsenen nicht gelernt hat, starke Energien wie z. B. aufkommenden Ärger zu lenken, wird zeitlebens ein Hormo sapiens bleiben, der von den Hormonen überrollt wird, statt zum Homo sapiens zu werden. Ein Fahrzeug, das viele PS hat, ist wertvoll. Wenn so ein Gefährt keine entsprechende Lenkung und Bremse besitzt, dann wird es zum todbringenden Geschoss und ist überaus gefährlich. Wie viele Gräueltaten sind durch Ärger, der übermächtig wurde, bereits geschehen, wie viele Beziehungen dadurch zerbrochen? Man sagt, Worte können töten, zumindest können sie schwer verletzen. Wenn bestimmte Aussagen einem anderen im Zorn entgegengeschleudert werden, so entstehen tiefe, seelische Wunden. Diese Aussagen sitzen wie Giftpfeile im Herzen eines anderen.

Ich empfehle Ihnen Selbstführung zu lernen. Auf dem Weg zu einer liebevollen, reifen Persönlichkeit ist dies unerlässlich. Es gibt so viele Möglichkeiten, sich selbst zu lenken. Die Grundvoraussetzung für ein Leben in Liebe ist allerdings die Bereitschaft, an sich zu arbeiten. „Kaizen", das Schlagwort der japanischen Wirtschaft ist auch hier angebracht. Jeden Tag ein bisschen besser als am Tag vorher.

Wir alle sind ein Edelstein, der durch liebevolles und beständiges Polieren mehr und mehr zum Strahlen kommt. Der Hauptgrund für Ärger ist zumeist der, dass ein anderer nicht so ist, wie wir es erwartet haben. Das Sprichwort, an das ich bewusst immer wieder erinnern möchte und das ich mir ganz groß in mein Tagebuch schrieb, hat mir auf meinem Weg sehr geholfen. Solange du einem anderen sein Anderssein nicht zubilligst, bist du noch weitab vom Weg. Wir können niemanden ändern. Andere Menschen ändern sich erst dann, wenn sie selber dazu bereit sind. Durch Ärger wird nichts besser. Druck, Gewalt und laute Worte belasten jedes Miteinander. Es gibt allerdings eine Möglichkeit, anderen zu helfen, die in ihrem Ego gefangen sind. Wie kann ich nun helfen und dadurch allmählich eine dauerhafte, harmonische Beziehung erreichen. Es ist entscheidend, bei mir selbst zu beginnen. Wenn ich merke, dass trotz der Bereitschaft zu ständiger innerer Ruhe und echter Gelassenheit, doch einmal Ärger zu verspüren ist, dann sollte ich diese negative Energie nicht in den Körper drücken, sondern so bald wie möglich auf elegante Weise wieder loswerden.

VULKANÜBUNG ZUM AUFLÖSEN VON ÄRGER

Die beste und eleganteste Lösung ist in diesem Fall die Vulkanübung einzusetzen. Sie ist eine wunderbare Möglichkeit, Frust und Ärger loszuwerden ohne andere zu verletzen und ohne die inneren Organe und Drüsen zu belasten.

Bevor ich diese Übung kennen und schätzen lernte, sammelte ich negative Energien um der Harmonie willen und versuchte ruhig zu wirken. Irgendwann explodierte ich dann plötzlich. Diese Überreaktion war oft sehr verletzend. Heute ziehe ich mich kurz zurück und wende die Vulkanübung an.

Wenn wir jeden Abend den vergangenen Tag vor unserem Auge vorüberziehen lassen, so werden wir alle Aggressionen aufspüren und gleich auflösen. Sie sinken dann weder in unseren Körper, noch in unsere Seele.

Auch Kinder lieben diese Übung. Lehrer und Kindergärtnerinnen, die meine Seminare besuchen, berichten, dass die Buben und Mädchen viel friedlicher miteinander umgehen, wenn sie von Zeit zu Zeit die Vulkanübung anwenden.

Bei Schlafstörungen oder Sprachstörungen hat sich diese Übung auch sehr bewährt. Immer wieder merke ich, dass sich Hauterkrankungen, Asthma und Allergien merklich bessern, wenn Kinder oder Erwachsene diese mentale Übung verwenden. Wie gehen wir dabei vor?

Übung

- Zunächst schließe ich die Augen und atme einige Male ruhig und tief aus und wieder ein.
- In Gedanken spaziere ich einen Weg entlang. In der Ferne taucht ein Berg auf. Dieser Berg ist ein schöner, großer Vulkankegel. Ich gehe langsam näher heran. Schließlich bleibe ich in einem sicheren Abstand davor stehen.
- Neben mir befindet sich eine besondere Vorrichtung. Ich erkenne einen Pflock mit einem kleinen Brett und einem großen Druckknopf. Ich denke nun an die belastende Energie und die Enge in mir. Ich verdränge nichts mehr. Fest drücke ich auf den Knopf und lasse den Vulkan ausbrechen.
- Ich lasse alles raus, was raus will und beobachte das Geschehen mit meinem inneren geistigen Auge. Manchmal erkenne ich nur Steine und Feuer, ein anderes Mal fliegen Menschen, Gegenstände, Szenen oder ich selbst mit heraus. Auf diese Weise kann man sich auch von Ärger über sich selbst befreien.
- Ich lasse zu und betrachte den Vulkan, bis er nicht mehr raucht. Alles was sich zeigt, hat mit dem Ärger zu tun. Nun sind die negativen Emotionen aufgelöst, und ich kann wieder frei durchatmen. Ich fühle weder Enge noch Spannung.

Die Vulkanübung verhilft uns zu einer wirksamen Psychohygiene. Wir sollten nicht nur den Körper regelmäßig reinigen, sondern auch unser Gemüt. Auf dem Weg der Liebe ist noch ein weiterer Schritt nötig. Wenn wir nun erkennen, dass wir uns über den Partner, einen Freund, einen Kollegen oder andere Mitmenschen geärgert haben, so ist ein anschließendes Gespräch von Seele zu Seele überaus hilfreich.

GESPRÄCH VON SEELE ZU SEELE

Übung

- Ich suche einen ruhigen Platz und schließe wieder meine Augen. Nun mache ich mir mein wahres Selbst, also den edlen, göttlichen Kern in mir, bewusst. Ich sehe die Person, mit der eine Disharmonie besteht, vor mei-

nem inneren geistigen Auge. Meine Konzentration ist auf eine helle Stelle im Herzen dieser Person gerichtet, auf ihr wahres Selbst.
- Ich spreche nun in Gedanken von meiner Seele zur Seele des betreffenden Menschen, sage alles, was es zu sagen gibt. Von Seele zu Seele kann man alles sagen. So ein Gespräch sieht ganz anders aus als ein Gespräch von Ego zu Ego.
- Ich stelle in Gedanken alles in den Raum. Sobald ich fühle, dass alles gesagt ist, öffne ich mein Herz ganz weit und fühle in die helle Stelle im anderen hinein.

Das, worauf es wirklich ankommt, können wir nicht mit den Augen sehen, nicht mit den Ohren hören, nur mit dem weit offenen Herzen fühlen.

Sehr oft merken wir dann, dass es dem anderen zurzeit nicht gut geht, und er eigentlich Hilfe braucht. Manchmal fühlen wir auch Angst und Unsicherheit. Es kommt vor, dass wir ein kleines unglückliches Kind in dem Menschen erkennen, der uns in Gedanken gegenübersteht.

Übung

- Wir verbinden uns mit der Urkraft. Wir stellen uns wieder vor, dass sich über unserem Scheitel eine Blüte öffnet. Wir denken an unser Symbol für Urkraft, die Sonne oder den Energieball.
- Diese Urkraft ist auch eine Quelle der bedingungslosen Liebe, der alles überwindenden, universalen Liebe.
- Diese Liebe nehmen wir nun auf, bis unser Herz zu einer warmen, strahlenden Sonne wird. Nach einer Weile lassen wir Licht und Liebe über unser weit offenes Herz in die helle Stelle des betreffenden Menschen strömen. Falls wir ein Kind, ein hilfsbedürftiges inneres Kind wahrgenommen haben, dann schenken wir auch dem Kind viel Liebe. Hüllen es ganz ein in diese alles heilende, alles überwindende Energie.
- Wir sagen dem anderen: Ich verzeihe dir aus tiefstem Herzen. Falls nötig, entschuldigen wir uns selbst auch bei ihm.
- Wir lassen nun solange die heilende Kraft fließen, bis sich Ruhe und Friede in uns ausbreitet.

Die innere Weisheit sagt uns zuverlässig, ob anschließend auch eine Handlung im Außen angebracht ist, ein Gespräch oder ein Brief.

In vielen Fällen fühlen wir, dass dies nicht erforderlich ist. Die Liebe und das Licht sollten wir so lange schenken, bis wir intuitiv wahrnehmen, dass es auch dem betreffenden anderen Menschen besser geht, dass auch er heilt. Manchmal genügen einige Tage, ein anderes Mal sind etliche Wochen erforderlich. Auf diese Weise helfen wir einem Partner oder irgendeinem Mitmenschen, helfen ihm mitunter auch, sein Ego zu überwinden und sein wahres Selbst zu entwickeln und zu entfalten.

Als Eltern, Chef oder Lehrer ist es besonders wichtig, etwas vorzugeben, etwas zu verlangen. Wenn nun ein Kind oder Angestellter nach mehrmaliger Aufforderung seine Pflicht nicht erfüllt, so soll man Maßnahmen treffen. Es ist aber nicht sinnvoll, sich zu ärgern.

Liebe bedeutet nicht immer lieb sein und dem anderen das geben, was er haben will, sondern das, was er braucht. Manche Kinder aber auch Erwachsene brauchen Grenzen. Wir sollten ihnen die Möglichkeit geben zu lernen. Wenn wir uns ärgern, statt zu handeln, wird der Betreffende später noch viel schlimmere Schicksalsschläge erleiden müssen. Kommt jemand ständig verärgert vom Arbeitsplatz nach Hause, so belastet er die eigene Partnerschaft über Gebühr. Wir sollten Geduld haben, aber wenn nötig handeln. Auf dem Weg der Liebe schaffen wir es auch eines Tages, Ärger in Power zu verwandeln. In so mancher Situation ist es nicht zu verhindern, dass Adrenalin ausgestoßen wird. Wir verspüren Hitze in uns. Nun kommt es darauf an, wie weit wir in unserer seelischen Entwicklung bereits gelangt sind. Entweder wenden wir die Vulkanübung an, um uns von dieser Kraft schnellstens zu befreien, oder wir atmen tief durch, verzeihen dem anderen, der uns aus irgendeinem Grund kurzfristig aus der Mitte gebracht hat, zentrieren uns wieder und nützen die Energie, statt sie schnellstens loszuwerden. Wir haben dann für eine Weile viel mehr Schwung.

Ich will nun ein Beispiel aus meinem Leben bringen, um es Ihnen zu erläutern, wie die Aussage „Ärger in Power zu verwandeln" zu verstehen ist. Wenn wir die Vorgangsweise begriffen haben und damit umgehen können, so sind wir wieder einen großen Schritt auf dem Weg der Liebe vorangekommen.

BERICHT:

Vor einigen Jahren vereinbart eine Dame, die damals sehr nervös war, einen Beratungstermin mit mir. Sie verwechselte den Tag und traf mich daher nicht zu Hause an. Am Abend dieses Tages fand ich einen Zettel an meiner Tür. Sie stornierte alle weiteren Termine und war sehr zornig auf mich. Sie dachte, ich hätte auf sie vergessen. Hitze stieg in mir auf als ich die Zeilen las. Ich setzte mich ruhig nieder, stellte mich auf die Seele dieser Dame ein und fühlte, dass sie total verstört war. Dies hatte wohl zu der Verwechslung geführt. Ich schickte ihr viel Licht und sagte ihr in Gedanken, ich bin ihnen nicht böse, wenn sie wollen, können sie gerne einen neuen Termin haben. Ich ging zum Telefon und wählte ihre Nummer. Der Anrufbeantworter war eingestellt. Ich sagte ihr freundlich und ruhig, dass sie sich wohl geirrt habe. Ich bot ihr eine neue Möglichkeit an und stellte es ihr frei, diese anzunehmen. Eine tiefe Entspannung war in mir spürbar, gleichzeitig aber auch sehr viel Energie.

Diese Kraft hielt noch Stunden an und gab mir besonderen Schwung. Am nächsten Tag rief sie mich an und entschuldigte sich für ihr Verhalten. Es war ihr inzwischen klar geworden, dass sie sich geirrt hatte. Sie bat mich um einen neuen Termin. Inzwischen konnte sie vieles in ihrem Leben bereinigt. Sie ist mir eine liebe Freundin geworden.

Ein häufiger Grund für Ärger und für Zerwürfnisse ist Kritik. Die wenigsten Menschen können mit Kritik umgehen. Auch mir fiel dies früher sehr schwer. Wenn mich jemand kritisierte, war ich beleidigt, gekränkt oder verärgert. Ganz besonders traf mich die Kritik nahestehender Menschen. Das passierte in meiner Kindheit viel zu oft. Während meiner Ausbildung habe ich allerdings auch in diesem Bereich dazugelernt. Ich habe begriffen, dass es grundsätzlich nur zwei Möglichkeiten gibt, mit Kritik umzugehen. Wenn der andere Recht hat, dann sollten wir es offen und ehrlich zugeben. In diesem Fall haben wir etwas zu lernen und können dem anderen dankbar sein, dass er uns auf einen Mangel aufmerksam gemacht hat. Fühlen wir aber, dass der andere nicht Recht hat, dann ist das eben nur seine Sicht der Dinge und hat mit uns nichts zu tun. Wir lassen diese Kritik für uns nicht gelten und gehen unseren Weg. Erlauben Sie mir noch ein Beispiel aus meinem Leben.

BERICHT:

Eine junge Probelehrerin, die von mir ein Jahr lang betreut und im Unterricht begleitet wurde, kam am Ende unseres gemeinsamen Jahres zu mir. Sie bedankte sich für die Betreuung. „Eines hat mich allerdings gestört,“ meinte sie, „ich habe mich manchmal wie eine Schülerin gefühlt und nicht wie eine Kollegin“. Im ersten Moment musste ich schlucken und Hitze stieg in mir auf. Ich zog mich zurück und ging in mich. Über die sogenannte Helikopterperspektive fand ich sehr schnell heraus, dass sie Recht hatte.

HELIKOPTERPERSPEKTIVE

Was ist nun diese Helikopterperspektive? Wenn wir auf einer Autobahnbrücke stehen und hinunterschauen, sehen wir ein Auto, das sehr schnell herankommt unmittelbar bevor es unter der Brücke durchfährt und noch kurz danach. Ein Polizeihubschrauber, der über der Brücke kreist, hat einen ganz anderen Überblick.

Übung

- Wir stellen uns vor, wir wären ein Filmregisseur. Wir betrachten nun einen bestimmten Abschnitt aus unserem Leben wie eine Szene aus einem Film oder einem Theaterstück.

- Wir sehen uns selbst, aber auch alle anderen agieren, erspüren die Energie im Raum, stellen intuitiv fest, in welchem seelischen Zustand wir selbst damals waren und wie die Szene damals verlief.
- Dann fragen wir unsere innere Weisheit, welches Verhalten sinnvoller gewesen wäre?
- Unsere innere Weisheit sagt uns oder zeigt uns ganz deutlich, ob mehr Humor oder Gelassenheit, innere Ruhe, Sicherheit oder Souveränität sinnvoller gewesen wäre. Wir werden nun vom Regisseur zum Hauptdarsteller und agieren so, wie uns geraten wurde.

Ich zog mich zurück, schaute mir eine Situation an, bei der diese Kollegin eben mit mir gemeinsam agierte und ich merkte sehr schnell, dass das, was sie behauptete, stimmte. Wenn sehr viel zu tun war und die junge Dame so neben mir stand, teilte ich ihr häufig kleinere Arbeiten zu. Ich war freundlich, aber doch sehr bestimmt. Der Ton war falsch. Ich hätte sie liebevoll und partnerschaftlich darum ersuchen sollen. Ich bin dieser Kollegin heute noch dankbar, dass sie den Mut hatte, mich auf einen Mangel in mir, auf ein falsches Verhalten aufmerksam zu machen. Von diesem Tag an wurde ich viel achtsamer. Ich wurde achtsamer im Umgang mit meinem eigenen Partner, meiner Tochter und guten Freunden. Auf dem Weg der Liebe und Weisheit hat Ärger, Ablehnung und Verurteilung nichts zu suchen.

Haben Sie Geduld mit sich selbst. Ärger entsteht in uns und kann auch nur in uns und in kleinen Schritten aufgelöst werden. Wenn Sie doch wieder einmal der „Hormo" sapiens sind, dann verzweifeln Sie nicht, sondern arbeiten Sie an sich weiter. Stehen Sie immer einmal mehr auf, als Sie hingefallen sind. Irgendwann haben Sie es geschafft. Wir gewinnen auf diesem Weg immer mehr Achtung vor uns selbst und leben mehr und mehr ein Leben in Liebe.

Schreiben Sie die Erlebnisse, die Sie umgestellt haben und die sich jetzt anders anfühlen, in kurzen Worten auf, und lesen Sie diese Berichte immer wieder durch. So kommen Sie schneller zum Ziel.

UNABHÄNGIG WERDEN VON LOB UND TADEL

Auf dem Weg der Liebe werden wir immer unabhängiger, immer autonomer. Wenn Sie stets Ihr Bestes geben, Ihr persönliches Bestes, und nicht mehr, dann werden Sie eines Tages unabhängig von Lob und Tadel. Sie sagen und tun das, was für Sie stimmig ist, stehen dazu und tragen die Folgen. Es ist nicht möglich, anderen Menschen immer alles recht zu machen. Es ist schön, wenn wir gelobt werden, wir dürfen uns darüber freuen, man soll aber nicht unbedingt nach Lob gieren. Wenn uns jemand tadelt, dann ist das seine Meinung und seine Sicht. Lassen wir ihm doch dieses Recht.

7. KAPITEL

ENERGIE UND HARMONIE IN ZWISCHENMENSCHLICHEN BEZIEHUNGEN

Die Intuition ist nichts Mystisches.
Sie ist eine Sinneswahrnehmung,
die im Hintergrund bleibt und uns zeigt,
wie die Dinge laufen sollten.

Dr. James Watson, Nobelpreisträger
und Mitentdecker der DNS

ÜBERWINDEN VON VERSTÄNDIGUNGSPROBLEMEN ZWISCHEN MANN UND FRAU

Eine Reihe von Verhaltensforschern hat sich über viele Jahre hin mit diesem, so wichtigen Thema beschäftigt. Ich möchte Ihnen die bedeutendsten Forschungsergebnisse näher bringen.

Nach dem Überwinden des Tier-Mensch-Übergangsfeldes war es die Aufgabe des Mannes nach Außen zu gehen, Nahrung zu beschaffen und für die Sicherheit der Familie zu sorgen. Der Verstand hat sich dadurch mehr und mehr entwickelt. Die Frau aber blieb zu Hause, in einer schützenden Höhle, kümmerte sich um die Kinder und entwickelte Gefühl und Einfühlungsvermögen. Der Mann lebte damals also mehr im Außen, die Frau mehr im Inneren. Diese Entwicklung prägte sich in den Erbanlagen ein. Es entstand die Welt des Mannes und die der Frau.

Jeder Mann sollte in einer ruhigen Stunde in sich erkunden, ob neben dem inneren Mann auch eine innere Frau in ihm steckt, also auch eine gewisse Ying-Schwingung besteht. Wenn diese Energie völlig fehlt, so kann er das Verhalten und die Welt der Frau überhaupt nicht verstehen. Zärtlichkeit und Herzlichkeit fehlen ihm zumeist. Ein Mann ohne innere Frau hat auch häufig Schwierigkeiten, einem Baby oder

Kleinkind ein einfühlsamer Vater zu sein. Vor allem für kleine Mädchen, für die der Vater die erste Liebe darstellt, ist dieses Verhalten ungünstig. Es entsteht der Eindruck, dass männlich mit Härte, Ungeduld und zu wenig Aufmerksamkeit gleichzusetzen ist.

So manches Mädchen hat später Angst vor männlicher Härte. Immer wieder erlebe ich bei meinen Beratungen, dass junge Damen sich zwar nach einer liebevollen Beziehung sehnen, aber wegen der vorhin beschriebenen Prägung nicht völlig offen sind. Sie stehen sich selbst im Wege.

BERICHT:

Eine junge Dame, die einfach nicht verstehen konnte, warum sie immer dann, wenn eine beginnende Liebesbeziehung tiefer und inniger zu werden begann, das Miteinander abbrach und sich in sich zurückzog, fand durch eine Intuitionsübung Folgendes heraus: Als sie klein war und mit dem Vater zärtlich kuscheln wollte, war er eher grob und fasste sie sehr unsanft an. So hatte sie Angst, sich einem Mann hinzugeben. Erst als sie all die unschönen und lieblosen Szenen einige Wochen lang neu erlebte, indem sie sich den Vater zärtlich und warmherzig vorstellte, konnte sie ihre Blockade überwinden. Sie wusste, tief innen war ja auch Wärme in ihm, er konnte und wollte sie nur nicht zeigen. Er verbarg Gefühle hinter einer gewissen Härte.

Wenn eine Frau nur Frau ist und so gar keinen inneren Mann besitzt, so wird sie sich nicht nur im Berufsleben schwer tun, sondern auch in jeder Partnerschaft. Sie ist dann übersensibel und kann sich in die Welt eines Mannes gar nicht hineindenken.

STÖRENDE VERHALTENSMUSTER DER KINDHEIT

Verhaltensforscher haben festgestellt, dass weltweit Mütter ihre kleinen Söhne liebevoller und ausdauernder stillen als ihre Töchter. Dies ist ihnen aber nicht bewusst. Die Mutter ist die erste Liebe des kleinen Mannes, wenn dieser ungefähr drei Jahre alt ist, so will er selbstständig werden. Kuscheln gefällt ihm nicht mehr so wie in der Babyzeit. Da er die Liebe der Mutter nicht verlieren will, zeigt er dies allerdings nicht offen, sondern zieht sich innerlich zurück. Es entsteht in ihm die Prägung: Liebe ist gleich Enge. Er merkt, dass er, falls er seine Abneigung bezüglich zu viel Nähe offen zeigt, von der Mutter Ablehnung erfährt. Da er von der mütterlichen Liebe abhängig ist, sperrt er sich nur innerlich. So mancher erwachsene Mann hat auch im späteren Leben dieses kindliche Programm in sich, er denkt, dass Liebe mit Enge gleichzusetzen ist.

Beim Mädchen hingegen läuft es in den meisten Fällen anders ab: Der Vater, die erste Liebe der Tochter, hat oft zu wenig Zeit und zu wenig Einfühlungsvermögen für die kleine weibliche Seele. Sie würde gerne geherzt und bewundert werden. Wenn der Vater selten zu Hause ist oder sich nicht voll auf sie einstellt, entsteht das Programm: Liebe ist gleich Mangel. Wenn das kleine Mädchen erwachsen wird, so sucht sie oft im Übermaß beim Partner das, was ihr einst gefehlt hat. Sie will immer wieder Liebesbeteuerungen und Bewunderung vom Partner. Irgendwann verlieren erwachsene Männer dann die Geduld und fühlen sich überfordert. Wenn nun das Bewusstsein von Enge auf das Bewusstsein von Mangel trifft, so ist ein Konflikt nicht abzuwenden. Sobald beide Partner über diese Zusammenhänge Bescheid wissen, können sie offen darüber sprechen und aufeinander zugehen. Sie haben dann die Chance, diese kindlichen Muster zu überwinden.

Viele Frauen haben das Gefühl, wenn sie mit ihrem Partner sprechen, dass er nicht auf sie eingeht. Er ist geistig nicht wirklich bei der Sache. Manche klagen, dass er sogar während einer körperlichen Vereinigung seelisch nicht voll und ganz anwesend ist.

Wenn nun eine Frau versucht, den Gefühlspanzer eines Mannes mit Gewalt zu sprengen, zieht er sich nur noch mehr zurück. Die Mutter wollte dereinst Anteilnahme an dem Leben des kleinen Sohnes. Er empfand dies als Aushorchen und begann zu schweigen. Wenn nun die Partnerin ihren Mann ermuntern will, über sich und seine Gefühle zu sprechen, erinnert ihn dies an das Verhalten der Mutter. Er gibt nur unzureichend und widerwillig Antwort auf das so liebevoll gemeinte Interesse an seinem Leben.

Alle diese Verhaltensmuster der Kindheit können zu schweren Belastungen und schließlich zu ernsten Auseinandersetzungen, zu Frust, Krankheit und Trennung führen. Es wäre wohl hilfreich, jedes junge verliebte Paar über diese Erkenntnisse der Verhaltensforschung zu informieren. Da sich kleine Jungen ungern über Gefühle und Empfindungen äußern, haben sie zumeist auch später einen geringeren Wortschatz in diesem Bereich. Selbst wenn sie bereit sind, zu sprechen, so fällt ihnen dies oft sehr schwer. Viele fühlen sich bedrängt und in die Enge getrieben.

Wenn eine Frau Einfühlungsvermögen und Geduld hat, so kann sie über ihr weit offenes Herz viel erspüren und den Partner behutsam und liebevoll zu einem Gespräch mit Tiefe und Wärme ermuntern. Unzufriedenheit, Druck und Zwang erwirken eher das Gegenteil. So mancher Mann ergreift dann die Flucht.

UNTERSCHIEDLICHES WAHRNEHMUNGSVERMÖGEN BEI MANN UND FRAU

Es war für mich auch sehr hilfreich, als ich begriff, dass Mann und Frau oft ein ganz unterschiedliches Wahrnehmungsvermögen besitzen. Er und sie erleben etwas gemeinsam und empfinden vielfach doch ganz verschieden. Wenn er nun erzählt und sie zuhört, so meint sie, das war doch ganz anders. Früher machte ich oft den Fehler, dass ich während eines Erlebnisberichtes meines Mannes im Freundeskreis eingriff und erklärte, das es nicht stimme, was er erzählt. „Das was du jetzt erzählt hast, stimmt doch gar nicht." Mein Partner reagierte darauf immer sehr unwirsch. Heute weiß ich, dass er dies oder jenes wirklich so wahrgenommen hatte, wie er berichtete. Meine Empfindungen waren teilweise andere. Es ist nicht sinnvoll, den Partner zu unterbrechen. Er fühlt sich dann häufig wie ein Lügner. Wenn man unter vier Augen später darüber spricht, so kann dies sehr bereichernd sein.

Ich gebe Ihnen nun Empfehlungen für ein liebevolles und andauerndes Miteinander, die ich in 33 Jahren Partnerschaft gewonnen habe.

VERSTÄNDNISVOLLES MITEINANDER

Sobald wir in Verbindung mit der inneren Weisheit leben, spüren wir stets, was angebracht ist. *„Am Anfang war das Wort und das Wort ist alles"*, so heißt es in der Bibel. Es gibt allerdings Situationen, in denen Worte alles nur noch schlechter machen. Wie schon beim Charismatraining erwähnt, hat *Ebner-Eschenbach* erklärt, was Taktgefühl ist.

Wenn wir den Partner oder Kinder vor etwas warnen, der andere dies aber nicht beherzigt und auf die Nase fällt, dann sollten wir niemals sagen: *„Siehst du, ich hab es ja gewusst"*. Es ist dem Betroffenen dann ohnehin klar, dass es ein Fehler war, die Warnung in den Wind zu schlagen. Vergessen wir also nicht: Reden, wenn es Zeit ist zu reden und schweigen, wenn schweigen angebracht ist.

Es gibt Situationen, die einem anderen peinlich sein könnten oder wo er in seinem Ego gefangen ist. In diesem Fall ist es hilfreich, dem Partner, Freund oder Kind viel Licht, menschliche Wärme und Liebe zu senden. Wir sollten ihn in heilende Energie ganz einhüllen, statt zu jammern, zu schimpfen und zu streiten. Der andere spürt diese feine Kraft und wird seelisch wieder runder, findet wieder seine Mitte.

Werden Sie auch niemals historisch. Lassen Sie die Vergangenheit los und leben Sie in der Gegenwart. Betrachten Sie jeden Tag als den Anfang von einem neuen Leben.

Wenn wir Altes immer wieder aufwärmen und anderen vorhalten, zerstören wir zu viel. Sobald es etwas zu sagen gibt, was uns belastet, müssen wir unbedingt vorher prüfen, ob wir im richtigen Bewusstsein sind, ob wir in der Liebe und zentriert sind. Wenn dies nicht der Fall ist, dann empfehle ich die Vulkanübung, wie bereits beschrieben, um Ärger aufzulösen und ein besonders inniges Verbinden mit der einen Kraft.

Erleben Sie ein für Sie wichtiges Gespräch einige Male voraus. Entscheidend ist auch, die Aussage zu entpersönlichen. Wir erklären dann nicht: Du machst mich ganz nervös oder ärgerlich, sondern: Dieses bzw. jenes Verhalten ist für mich ein Problem. Auf diese Weise bitten wir um Hilfe und greifen den anderen nicht an. Ein notwendiges Gespräch aus Angst vor Ablehnung zu unterlassen, ist allerdings gefährlich. Wenn wir alles, was zu sagen ist, unter den Teppich kehren, so bringen wir eine Beziehung in ernste Gefahr. Früher oder später ist dann die Entfremdung unüberbrückbar.

Wenn wir von unserem Ego aus sprechen, so antwortet uns das Ego des Anderen. Wenn wir aber bewusst im wahren Selbst weilen und das wahre Selbst des Partners ansprechen, so antwortet sein edler, guter Kern. Falls es diesem schwer fällt, sich zu äußern, dann ist folgende Möglichkeit immer wieder hilfreich:

Bitten Sie den Partner, dass er alles aufschreibt, was ihm an ihnen gefällt, was er bewundert, aber auch das, was für ihn ein Problem ist. Wenn zwei Menschen, die miteinander leben, von Zeit zu Zeit diese Möglichkeit anwenden, dann ist dies immer wieder eine gute Grundlage für ein sinnvolles und konstruktives Gespräch. Sagen Sie dem Partner, er möge wirklich alles ohne Furcht und Bedenken aufschreiben, auch das, was vielleicht im Moment hart wirkt. Denn was uns trifft, betrifft uns. Lassen Sie sich gegenseitig Zeit, um das, was aufgeschrieben wurde, zu überdenken und zu verarbeiten, bevor Sie sich zu einem Gespräch zusammensetzen.

Als ich zu unterrichten begann, gab mir eine ältere, erfahrene Kollegin den Rat, zuerst das Positive anzusprechen und dann erst das, was nicht stimmt. Wir finden an jedem Menschen etwas Lobenswertes und sollten dies unbedingt betonen, bevor wir auf das eingehen, was für uns problematisch ist.

Stellen Sie keine Bedingungen an die Liebe. „Mach dies oder jenes, mach es mir zuliebe", das haben manche von uns in der Kindheit gehört. Oder: wenn du nicht tust, was mir wichtig ist, dann hast du mich nicht gern. Lassen Sie all dies los, es sind Muster, die uns im Weg stehen. Versuchen Sie niemals, den anderen zu erziehen oder zu ändern. Dieses Verhalten belastet ein stimmiges Miteinander. Auch den Kopf immer durchsetzen zu wollen, kann ein arger Störfaktor werden. Als erwachsener Mensch sollten wir Verständnis haben, auch ohne zu verstehen. Fragen Sie den anderen nach seiner Meinung und ob er, sobald

Sie etwas vorgeschlagen haben, einen Gegenvorschlag hat. Lassen Sie dem anderen Zeit, darüber nachzudenken, ob das, was Sie als gut befinden, für ihn annehmbar ist. Vergewissern Sie sich, ob Sie sich klar und deutlich ausgedrückt haben. Wiederholen Sie das, was der andere geäußert hat, damit er merkt, dass Sie ganz bei der Sache sind.

Wenn wir diese Empfehlungen beherzigen, so gehen wir den Weg der Weisheit und Liebe, der immer wieder zu einem Miteinander führt.

BEZIEHUNGSPROBLEME ERKENNEN UND LÖSEN

Sobald wir ein Beziehungsproblem erkennen, sollten wir dies nicht verdrängen oder unter den Teppich kehren, wir sollten uns aber auch nicht den Kopf zerbrechen bezüglich Ursache und Lösung. Oft grübeln wir tagelang und kommen nicht voran.

Vertrauen Sie Ihrer Intuition, sie ist der einzig wirklich kompetente Berater. Sie löst jedes Problem und findet immer einen Weg. Die Intuition irrt sich nicht. Sie ist unsere innere Weisheit, auf die wir uns voll und ganz verlassen können. Der Verstand ist nicht immer in der Lage, auf Fragen, die wir in uns bewegen, eine Antwort zu geben. Er bringt Argumente dafür und dawider.

Was wirklich stimmt, können uns weder der Verstand noch das Gefühl vermitteln. Die Intuition einsetzen, bedeutet, Durchblick zu gewinnen und die Wirklichkeit hinter dem Schein zu erkennen.

Dieses Buch wäre nie zustande gekommen, wenn ich nicht schon vor Jahren gelernt hätte, meiner inneren Weisheit voll und ganz zu vertrauen. Sie hat mir das Leben gerettet. Von diesem Tag an habe ich mich jahrelang sehr intensiv mit dem Thema Intuition beschäftigt. Vor allem habe ich alle Beziehungen zu den mir nahestehenden Menschen durchleuchtet und bessere Wege der Kommunikation gefunden. Wenn wir täglich am Morgen unsere Intuition einschalten und aus ihr heraus handeln und leben, machen wir immer weniger Fehler und unsere Beziehungen werden reicher, tiefer und stimmiger.

Ich wiederhole nochmals die Voraussetzungen, die nötig sind, um mit der inneren Weisheit in Kontakt zu kommen, sie einzuschalten.

- Nehmen Sie sich Zeit. Suchen Sie sich einen Platz, an dem Sie vollkommen ungestört sind. Nun versetzen Sie sich durch die folgende Methode in einen tiefen Zustand der Entspannung, in die bereits beschriebene Alpha-Schwingung.
- Sie stellen sich die Zahl 3 vor, nach einer Weile verblasst dieses Bild und es erscheint die Zahl 2. Konzentrieren Sie sich darauf. Bald verschwindet 2 und es erscheint ein schöner großer Einser.
- Nun denken Sie beim Atmen einige Male: „Entspannt". Schließlich zählen Sie von 10 zurück bis 1. Nun werden Sie in Gedanken ganz groß, das „Ich bin", Ihr Bewusstsein, wird 3, 4 oder 5 m groß. Unten im Gehirn wird gedacht, über dem Körper wird wahrgenommen.
- Schauen Sie jetzt gedanklich in einen wolkenlosen blauen Himmel. Nach 7 bis 10 Minuten erreichen Sie Gedankenstille. Nun sind Sie bereit für das, was Ihnen die Intuition vermitteln will. Seien Sie offen auf allen Frequenzen.
- Stellen Sie nun eine kurze klare Frage in dem Bewusstsein, dass Sie die Antwort sicher erreicht. Es kann sein, dass sie nach einer Weile ein Bild, ein Wort oder einen Satz in sich erkennen. Vielfach hören wir auch eine Stimme in uns oder es ist plötzlich eine Gewissheit vorhanden.

Es gibt besondere Intuitionsübungen, mit deren Hilfe wir die Ursache für ein Partnerproblem oder ein anderes schwieriges Miteinander erkennen und den stimmigen Weg zur Lösung finden können.

Ich biete Ihnen einige Möglichkeiten an und empfehle, nach und nach alle auszuprobieren. Sie werden immer mehr Übung gewinnen und zunehmend Vertrauen in die innere Weisheit entwickeln.

Mit den folgenden Bilderreisen können Sie die Ursache von jedem Problem erfassen und den stimmigen Weg zur Lösung erkennen. Es ist ratsam, alle Ergebnisse Ihrer intuitiven Erkenntnisse aufzuschreiben und sich immer wieder damit zu beschäftigen. Sie gewinnen auf diese Weise mehr und mehr Sicherheit.

PROBLEMKLÄRUNG DURCH DIE VULKANÜBUNG

Eine Möglichkeit, die viele meiner Seminarteilnehmer sehr schätzen, ist die erweiterte Vulkanübung, die in diesem Fall aus drei Teilen besteht. Sie wird nicht nur zum Auflösen von Ärger verwendet, sondern auch, um Probleme zu erfassen und zu lösen. Zunächst schaffen Sie die nötige Voraussetzung – gehen Sie auf Empfang. Machen Sie die Leitung für den Empfang frei.

- Sie ziehen sich zurück, schließen Ihre Augen, nehmen Energie von Ihrem Symbol für Urkraft auf und erfüllen Sie sich mit Licht, bis Sie eine innere Bereitschaft spüren. Nun gehen Sie in Gedanken einen Weg entlang, in der Ferne erkennen Sie einen Berg. Langsam, ganz langsam gehen Sie auf diesen Berg zu. Sie stellen fest, dass dieser Berg ein Vulkan ist, ein schöner, großer Vulkankegel. Sie entdecken auch einen großen, roten Knopf auf einem Brett neben sich.
- In Gedanken stehen Sie in einem sicheren Abstand vor dem Vulkan. Nun denken Sie an Ihr Problem. Sie wissen, dass die Lösung im Zentralcomputer bereits existiert und sind bereit, sie zu erkennen. Durch den Anschluss an die höchste Weisheit ist dies möglich. Die Vulkanübung ist nur ein Hilfsmittel, um klar zu empfangen.
- Sie nehmen Ihr spezielles Problem ins Bewusstsein, drücken nun auf den roten Knopf und verursachen dadurch einen Ausbruch des Vulkans. Sie beobachten, was sich alles zeigt. Es können Menschen, Gegenstände, Szenen, Symbole usw. herausgeschleudert werden oder aus dem Rauch aufsteigen.
- Nach einer Weile fragen Sie die innere Weisheit, ob Sie noch etwas sehen sollten. Es kann sein, dass nun noch einiges erscheint. Wenn Sie das Gefühl haben, dass Sie sich nicht alles merken können, dann machen Sie zwischendurch einmal die Augen auf und schreiben Sie das auf, was sich gezeigt hat. Sie können aber auch einen Menschen Ihres Vertrauens ersuchen, dass er alles notiert, was Sie sehen und ihm mitteilen.
- Sobald Sie spüren, dass nichts Neues mehr kommt, dass all das, was mit der Sache zu tun hat, in Erscheinung getreten ist, stellen Sie fest, ob der Vulkan noch raucht.
- Warten Sie nun ruhig, bis kein Rauch mehr zu sehen ist. Druck und Spannung lösen sich auf.
- Gehen Sie nun in Gedanken hinauf, auf den erloschenen Vulkan und bleiben Sie schließlich oben am Rand des Kraters stehen. Nun lassen Sie Ihre Augen über den Grund gleiten. Erwarten Sie nichts, seien Sie offen und absichtslos.

- Fragen Sie Ihre innere Weisheit Folgendes: Ist da noch etwas, was ich sehen sollte? Dann warten Sie ruhig ab. Es kann eine ganze Weile dauern, bis am Grund ein Bild, eine Szene oder ein Gegenstand erscheint.
- Lassen Sie alles zu, Sie sind verbunden mit der einen Kraft, also angeschlossen an den Zentralcomputer, und es wird auf diese Weise die eigentliche Ursache für Ihr Problem erscheinen. Alles was am Grund des Vulkans sichtbar wird, liegt der Sache zu Grunde. Manches werden Sie gleich verstehen und gleich ein sogenanntes Aha-Erlebnis haben.
- Sammeln Sie wieder alles in Gedanken oder auf einem Blatt Papier. Fragen Sie so lange nach, bis Sie in sich erfassen, dass nichts Neues mehr kommt. Haben Sie Geduld, lassen Sie sich viel Zeit und lösen Sie jede übergroße Erwartungshaltung auf. Wenn Sie gespannt auf den Grund starren und nur die leiseste Ungeduld zulassen, erfassen sie nichts. Sie blockieren dann den Fluss der Bilder, Worte oder Erkenntnisse.
- Erinnern Sie sich nochmals daran, dass das Unterbewusstsein auf verschiedene Weise antworten kann, in Form eines Bildes, eines Satzes, eines plötzlich klaren Gedankens. Suchen Sie nicht herum, lassen Sie einfach geschehen.
- Sobald Sie Zweifel haben und meinen, dass die Antwort aus dem Verstand kommt, beginnen Sie nochmals von vorne.
- Entspannen Sie sich, atmen Sie einige Male tief ein und aus und lassen Sie geschehen. Alles was von der einen höchsten Weisheit hereinfällt, ist eine wertvolle Botschaft.
- Wenn Sie nun gesammelt haben, so zerdenken Sie nichts. Sie würden Unschärfe erwirken. Sie suchen nun Ihren geistigen Beratungsraum auf und setzen sich in Gedanken in einen bequemen Sessel. Vor sich haben Sie eine weiße Leinwand, auf die Licht fällt. Neben der Leinwand erscheint nun Ihr geistiger Berater, ein weiser, freundlicher, alter Mann oder eine weise Frau. Diese Gestalt ist eine Verkörperung der inneren Weisheit, Ihr Mentor. Bitten Sie nun den Berater, dass er Ihnen die Bedeutung der Symbole, Bilder und Worte erklärt, die sich gezeigt haben.

Sie werden viele wichtige Erkenntnisse gewinnen. Nehmen Sie sich Zeit, um alles zu erfassen und zu besprechen. Folgen Sie anschließend Ihrer Intuition, sonst haben Sie keinen Gewinn davon.

Eine weitere Methode, die viele schätzen, ist die Beratung im Spiegelsaal. Drei Jahre lang habe ich diese Übung während meiner Ausbildung für mich selbst verwendet, um die Beziehung zu meinem Partner, meiner Tochter, meiner Mutter und anderen nahestehenden Personen zu beleuchten und zu optimieren. Ich habe Ursachen für verschiedene Probleme gefunden und auch Wege, um sie zu lösen. Der Spiegelsaal gibt uns auch die Möglichkeit, Entscheidungen zu treffen, statt zu suchen.

Übung:

SPIEGELSAALÜBUNG

- Man sucht einen ruhigen Platz, schließt die Augen und atmet tief ein und tief wieder aus. Sobald man innere Ruhe spürt, erfüllt man sich mit Energie und Licht. Nun lässt man einen Weg aufsteigen und geht diesen entlang. In der Ferne taucht ein Haus auf. Man geht darauf zu. Schließlich steht man vor dem Eingang und öffnet eine Türe, die in eine Diele führt. Ein Sessel steht bereit. Man setzt sich in diesen Sessel und schwebt hinauf in das Dachgeschoß des Hauses. Dadurch erhebt man sein Bewusstsein. Das Dachgeschoß ist hell und freundlich. Es gibt hier viele Spiegel an den Wänden. Man sucht sich einen Spiegel aus, den Spiegel der Erkenntnis. Sobald man vor dem Spiegel Platz genommen hat, denkt man an seine Blüte, die sich über dem Scheitel öffnet, nimmt von seinem Symbol für Urkraft viel Licht auf und spürt die Verbundenheit mit der höchsten Intelligenz.
- Nun stellt man eine kurze, klare Frage an die höchste Weisheit und erfüllt sich dabei mit dem Bewusstsein, dass die Antwort von der höchsten Intelligenz bewusst wird. Ruhig und gelassen blickt man in den Spiegel der Erkenntnis und erwartet gar nichts. Man wartet ab und lässt geschehen. Es kann eine Situation, ein Symbol, eine Person oder eine Schrift erscheinen. Wenn man nicht gleich versteht, so fragt man diese eine Weisheit, was das Bild oder Wort sagen will, was man begreifen sollte. Manchmal weiß man recht bald, was bewusst werden soll, ein anderes Mal kommen viele Zwischenbilder. Eine Beratung vor dem Spiegel kann 20 Minuten oder auch zwei Stunden dauern.
- Wenn man Klarheit gewonnen hat, so bedankt man sich für die Erkenntnis und kehrt durch Recken, Strecken und bewusstes tiefes Atmen langsam wieder zurück ins Hier und Jetzt.

Man kann sich auch vorstellen, dass man 5 Stufen auf einer goldenen Treppe hinaufsteigt und von Stufe zu Stufe frischer und munterer wird. Bei „5" ist man wieder hellwach.

ENERGIE UND HARMONIE DURCH HEILENDE LIEBE

DIE LIEBE ALS HEILSALBE

Dass die universale Liebe eine überaus wirksame Heilsalbe ist, habe ich bei der Betreuung von zwei Klienten mit ganz verschiedenen gesundheitlichen Problemen erfahren.

Eine Dame hatte einen schweren Herzfehler, mehrere Kliniken im In- und Ausland, die sie aufsuchte, konnten ihr nicht helfen. In Amerika riet man ihr, mentales Training zu lernen. Sie kam zu mir und erzählte mir von Schwächeanfällen und Schmerzen im Bereich des Herzens.

Ich führte sie von der Beta- in die Alpha-Phase und zu ihrem Vulkan. Sie stellte sich auch einen Block mit Brett und Druckknopf vor, wie ich das schon in einem vorangehenden Kapital beschrieben habe. Sie nahm ihr Problem ins Bewusstsein, drückte auf den Knopf und ließ den Vulkan ausbrechen. Ihr Bruder zeigte sich in dem Rauch, der aufstieg. Sie wusste zunächst nicht, was dies zu bedeuten hat. Als der Vulkan erloschen war und kein Rauch mehr zu sehen war, ging sie in Gedanken bis zum Rand des Kraters hinauf, ruhig und gelassen blickte sie hinunter auf den Grund des Kraters. Sie ließ sich Zeit und holte noch einmal ihr Symptom ins Bewusstsein. Am Grund erblickte sie ein Bild ihrer bereits verstorbenen Mutter.

Nun begab sie sich in Gedanken in ihren mentalen Beratungsraum, saß vor einer weißen Leinwand und stellte sich einen weisen, alten Mann vor, ihren Mentor, ihren geistigen Berater.

Sie hielt nun in Gedanken ein Bild von der verstorbenen Mutter vor die Leinwand ins Licht und plötzlich wurde ihr bewusst, was dies alles zu bedeuten hatte. Als die Mutter noch am Leben war, hatte sie immer wieder das Gefühl, dass der Bruder bevorzugt und mehr geliebt wurde als sie.

Sie begriff, dass sie sich als Kind oft sehr gekränkt hatte und dadurch ihr Herzfehler entstanden war. Sie sprach nun in Gedanken von ihrer

Seele aus zur Seele der Mutter. Alles, was es zu sagen gab, stieg aus ihr auf. All die von ihr empfundene Traurigkeit, Groll und Unzufriedenheit kamen zu Tage. Schließlich öffnete sie in Gedanken ihr Herz und sie fühlte tief in die Seele der Mutter hinein.

Plötzlich wusste sie, dass die Mutter sie niemals kränken wollte, dass es ihr nicht bewusst war, dass sie dem Bruder mehr Zeit und Zuwendung geschenkt hatte. Die Dame war nun bereit, der Mutter aus tiefstem Herzen zu verzeihen. Sie nahm viel Licht und viel Liebe auf, diese alles heilende und alles überwindende Liebe und ließ diese Energie zur Seele der Mutter fließen.

Nach einer Weile fühlte sie, dass sich ein tiefer innerer Friede in ihrem Herzen ausbreitete. Sie konnte nun die Seele der Mutter in Liebe loslassen. In den folgenden Tagen und Wochen nahm die Dame am Morgen und am Abend viel Licht, heilendes Licht und viel Liebe in ihr Herz auf. Sie merkte, wie sich innere Beklemmungen und Verkrampfungen mehr und mehr auflösten.

Bei unserem nächsten Treffen meinte sie: *„Die eine höchste Liebe, die wir auch Agapa nennen, ist meine Heilsalbe. Ich fühle mich von Tag zu Tag besser und heiler. Ich lasse nun auch viel Liebe zu meinem Mann und zu den Kindern fließen. Lasse sie teilhaben an dieser ganz besonderen Energie. Es entsteht täglich mehr und mehr Harmonie in meiner Familie."*

Ein Jahr lang nahm sie immer wieder diese besondere Heilsalbe auf. Als sie dann zu einer Kontrolluntersuchung ins Krankenhaus kam, stellte man fest, dass kein Herzfehler mehr vorhanden war. Sie war vollkommen gesund und leistungsfähig. Sie erklärte allen Freunden und Bekannten, die Liebe, die universale Liebe, hat sie geheilt.

Eines Tages kam ein Herr nach einem Seminar, das er bei mir besucht hatte und bat mich um einen Termin, da er ein gesundheitliches Problem mit den Augen hatte. Bei unserem Treffen führte ich ihn in den Spiegelsaal. Er suchte in Gedanken einen Spiegel aus, seinen Spiegel der Erkenntnis. Nun machte er sich bewusst, dass die Antwort auf die Frage, die er in sich trug, ihn sicher erreichen wird. Ruhig und entspannt wartete er ab und erblickte plötzlich im Spiegel seinen Vater. Ein schon lange schwebender Konflikt zwischen dem Vater und ihm kam ins Bewusstsein. Er setzte sich damit auseinander, sprach von Seele zu Seele mit ihm, verzieh ihm das, was er in sich vergraben hatte, und war dann fähig, die höchste Liebe, die universale Liebe über sein weit offenes Herz zu seinem Vater fließen zu lassen.

Es fiel ihm wie Schuppen von den Augen, dass er seinen Vater bisher niemals liebevoll ansehen hatte können. Das rechte Auge war bereits operiert worden. Als er zu mir kam, machten sich die Ärzte Sorgen um sein linkes Auge. Er ließ vier Monate lang täglich heilendes Licht, das er in Gedanken von der Urkraft aufnahm, in sein Auge fließen und verstärkte auch die Liebe zu sich selbst. Nach einem halben Jahr war sein linkes Auge gesund.

Ein anderer Herr kam ebenfalls nach einem Seminar und bat mich um eine Beratung. Als er dann bei mir war, erzählte er, dass er schon seit Jahren unter ständigen, argen Gelenkschmerzen und schlimmen Verspannungen leidet. Trotz Behandlungen und Massagen fühlt er sich niemals wirklich wohl. Er hatte in meinem Seminar erfasst, dass es im seelischen Bereich eine Ursache dafür geben muss, eine Ursache, die ihm nicht bewusst war. Ich führte ihn in Gedanken zu seinem Vulkan.

Er nahm sein Problem ins Bewusstsein, drückte auf den Knopf und ließ alles herausfliegen, was eben heraus wollte. Er sah mit dem inneren Auge eine Trompete, einen Gartenzaun, ein Fahrrad und die Einrichtung einer Heimsauna. Als kein Rauch mehr aus dem Vulkan kam, ging er in Gedanken hinauf zum Kraterrand und blickte hinunter auf den Grund. Zunächst war nichts zu sehen. Er fragte seine innere Weisheit: Ist da etwas, was ich erkennen sollte? Ruhig ließ er seine Augen über den Grund gleiten. Plötzlich war da ein Skelett da, das eine Zigarette rauchte und sich entspannt an einen Baum lehnte.

Der Herr begab sich nun in Gedanken in seinen mentalen Beratungsraum und setzte sich vor die weiße Leinwand. In Gedanken hatte er das Skelett bereits fotografiert und hielt es ins Licht. Er bat seine innere Weisheit um Erkenntnis und plötzlich war ihm alles klar.

Er meinte: „*Ich habe bisher nur funktioniert und das getan, was man von mir erwartet hat.*" Er entdeckte einen Kernglaubenssatz in sich: „*Entspannen kann ich mich erst, wenn ich tot bin.*" Neben seinem Hauptberuf hatte er noch zwei weitere Jobs, die ihm viel Zeit und Kraft kosteten. Er war bisher der Meinung gewesen, dass der Vater diesen besonderen Fleiß von ihm erwarte. Aus Angst, die Achtung und Zuwendung des Vaters zu verlieren, sagte er immer Ja, auch dann wenn er eigentlich Nein sagen wollte.

Die Erklärung zur Trompete war die, dass er schon als Kind ein Instrument spielen wollte. Er hatte sich nie dafür Zeit genommen. Der Gartenzaun erinnerte ihn an einen lang gehegten Wunsch, ein Gartengrundstück zu mieten und mit den Kindern dort zu spielen. Das Fahrrad machte ihn aufmerksam, dass er sich zu wenig Bewegung gegönnt hatte. Die Saunaeinrichtung sagte ihm, dass er in seinem Haus einen Kellerraum dafür vorbereitet hatte.

Er bedankte sich bei seiner inneren Weisheit für die Erkenntnisse und änderte sein Leben von Grund auf. Die beiden Nebenberufe ließ er fallen. Sprach offen und ehrlich mit seinem Vater und stärkte sein Selbstbewusstsein. Er erfüllte sich seine geheimen Wünsche. Die Verspannungen und Verkrampfungen lösten sich mehr und mehr auf. Er wurde von Tag zu Tag lebendiger und die Lebensfreude, die er dereinst als Kind besaß, kehrte zurück.

Er nahm nun immer wieder viel Licht und viel Liebe auf und erfüllte seinen ganzen Körper mit dieser Energie, die auch bei ihm wie eine Heilsalbe wirkte. Da er sich nun viel besser fühlte, wurde das Miteinander mit der Familie wieder viel harmonischer.

DIE BEDEUTUNG DER INNEREN FRAU UND DES INNEREN MANNES

Die innere Frau und der innere Mann haben tiefgreifende Bedeutung für das berufliche Leben. Als Biologin will ich Sie alle daran erinnern, dass wir aus der Vereinigung von Ei- und Samenzelle entstanden sind. Durch diese Vereinigung entsteht Leben, entsteht eine Seele, in der männliche und weibliche Energien schwingen.

Außen auf der Ebene des Körpers sind wir Mann oder Frau. Innen auf der Ebene der Seele, sind wir mehr als nur beides, dort sind wir eins. In den Zeichen Yin und Yang zeigt sich diese Vereinigung weiblicher und männlicher Energien zu einem Ganzen.

Wenn wir uns klar werden, dass unser Leben aus einer Zellverschmelzung entstanden ist, dann löst sich die Vorstellung nur ein Mann oder nur eine Frau zu sein. Wir tragen beide Wesenszüge in uns. Im äußeren Bereich, der Persönlichkeit sind wir Mann oder Frau, im inneren, in der Tiefe der Seele, aber zweigeschlechtliche Wesen.

Wir wären nicht in Harmonie, hätten wir nicht auch die Kräfte des anderen Geschlechtes. Beide Seiten sind vorhanden, auch wenn sie unterschiedlich ausgeprägt sind. Erst wenn wir uns beider Elemente bewusst werden, beide zulassen und leben, entsteht tiefe innere Harmonie und Ausgeglichenheit.

Für die äußere Welt bedeutet dies Liebe und Mitgefühl auch in die Wirtschaft und Politik einfließen zu lassen. Auf diese Weise wird Macht-, Zweck- und Profitorientierung relativiert und eine menschliche und natürliche Lebensweise möglich.

In der Harmonie von männlichen und weiblichen Kräften können wir stark sein, ohne zu kämpfen, entscheiden ohne dem Diktat des Verstandes zu unterliegen, weich sein ohne uns schwach zu fühlen und Liebe ganz frei von Leistung erleben.

Sobald wir die Bedeutung der inneren Frau und des inneren Mannes begreifen, haben wir auch die Möglichkeit, Konflikte und Beziehungen zu verstehen und zu lösen.

Allen Männern empfehle ich, Gefühle einmal voll zuzulassen, in ihre Seele einzutauchen, sich fallen zu lassen und loszulassen. Viele meiner männlichen Klienten haben sich darauf eingelassen und eine bis dahin nie geahnte seelische Tiefe und Weite in sich entdeckt.

Alle Frauen will ich ermuntern, die Angst vor Verantwortung, Handeln und Tun abzubauen und liebevoll in die Gestaltung der Welt einzugreifen.

Stimmige innere Bilder gestalten eine neue Realität im beruflichen und privaten Leben. Beziehungen bekommen eine ganz andere Qualität.

Wie können wir die Wirklichkeit hinter dem Schein erkennen und herausfinden, ob die inneren Bilder, die uns prägen, stimmig sind?

INNERE FRAU – INNERER MANN

Wenn sich ein Mann oder eine Frau nach einer harmonischen Beziehung sehnen und trotz größter Bemühungen kein Miteinander entsteht, dann ist es überaus hilfreich, das Bild des inneren Mannes und der inneren Frau zu erfassen. Jeder Mann und jede Frau trägt unbewusst in sich eine männliche und eine weibliche Gestalt. Yin und Yang.

Ich habe in den vergangenen Jahren immer wieder erlebt und erfasst, dass diese Bilder von Zeit zu Zeit überprüft und wenn nötig korrigiert werden sollten. Auch ich selbst habe bereits mehrmals diese im Unbewussten verankerten Erscheinungen ins Bewusstsein geholt. Ich habe sowohl die innere Frau wie auch den inneren Mann einige Male ausgetauscht, wenn mir meine Intuition klar vor Augen geführt hat, dass eines der beiden Bilder oder beide überholt sind.

So manche Frau entdeckt in sich eine unscheinbare und unsichere weibliche Gestalt. Wenn sie sich bemüht, selbstsicher aufzutreten, so wirkt dies gekünstelt. Jeder Mensch der ihr begegnet, merkt, dass sie eine Rolle spielt. Immer wieder begegnen wir Damen, die im Berufsleben hohe Positionen erreichen, von Männern geachtet und geschätzt werden, aber keinen Partner finden. Wenn diese Frauen ihren inneren Mann visualisieren, so sind sie meistens sehr betroffen. Es zeigt sich ein Muskelprotz, der ihr Inneres beherrscht. Sie haben ohne dies wahrzunehmen, eine männliche Ausstrahlung, die Yang-Schwingung herrscht vor. Dadurch besteht zu wenig Anziehung für das andere Geschlecht.

Es gibt auch Männer, die eine zu starke Yin-Schwingung haben. Ihre innere Frau ist meist größer und gegenüber dem inneren Mann im Vordergrund. Meist liegt dies an der Erziehung. Sie sind in der Regel herzensgute Menschen, haben aber wenig Anziehungskraft für Frauen. Wenn einem Mann die innere Frau gänzlich fehlt, dann strahlt er wohl Stärke aus, kann aber nur sehr schwer Gefühle zeigen. Wird so ein Mann Vater, fällt es ihm nicht leicht, zärtlich und liebevoll mit den Kleinen umzugehen.

Frauen mit einem überdimensionalen starken inneren Mann haben zumeist auch Probleme, sich einem Mann liebevoll und zärtlich hinzugeben. Sie tun sich schwer, loszulassen und ihre Kontrolle aufzugeben. Wenn einer Frau der innere Mann gänzlich fehlt, dann ist es für sie schwer, sich im Berufsleben zu behaupten. Die innere Frau bewirkt menschliche Wärme, Ruhe und Hingabefähigkeit. Ihr Thema ist die Liebe, Ihre Welt das Innere.

Der innere Mann ist verantwortlich für Organisation, Überblick, Kraft und Zielstrebigkeit. Sein Thema ist das Handeln, das Tun, seine Welt das Außen. Wir brauchen beides, sowohl als Mann wie auch als Frau. Die meisten Partnerprobleme sind auf eine unausgeglichene Entwicklung von männlichen und weiblichen inneren Bildern und Energien in den Partnern zurückzuführen.

Wie können wir nun erkennen, welche Bilder wir in uns tragen? Dazu ist die folgende Übung nützlich:

Übung

- Ich ziehe mich zurück und lege oder setze mich bequem hin. Falls ich müde bin, so tanke ich zunächst frische reine kosmische Energie.
- Ich stelle mir vor, dass sich wieder über meinem Scheitel eine Blüte öffnet. Die Blüte dreht sich meinem Symbol für Urkraft voll und ganz zu und nimmt höchste Energie auf. Durch eine kleine gedachte Lücke im Scheitel, fließt nun wieder diese Kraft in meinen ganzen Körper. Ich genieße die wunderbare Energie und lasse sie bis in die Fingerspitzen und Zehen strömen. Jede einzelne Zelle wird erfüllt von kosmischer Kraft.
- Wenn ich nach einer Weile merke, dass ich mich wieder so richtig wohl fühle, dann muss ich noch dafür sorgen, dass die Intuition wahrnehmbar werden kann.
- Durch das Erweitern des inneren Raumes schaffe ich die entsprechende Voraussetzung. Zunächst ziehe ich mich in mein Inneres zurück, ich zentriere mich. Nun weite ich mich aus. Das „Ich bin" wird ganz weit. Ich überschreite die Grenzen meines Körpers und erfülle den Raum, indem ich mich befinde mit meinem Bewusstsein. Dann werde ich noch weiter. Ich gehe über den Raum hinaus, über den Ort, das Land und schließlich über die ganze Welt hinaus. Ich lasse mir Zeit dabei, so viel Zeit wie ich brauche.
- Nun bin ich offen und frei. Ich erwarte nichts und denke an nichts. Ich bin völlig absichtslos. Vor meinem geistigen Auge erscheint eine weiße Wolke, die Wolke der Unklarheit. Ich frage über die Intuition Folgendes: *Wie sieht meine innere Frau aus? Wie sieht die Frau aus, die zurzeit in mir vorhanden ist?*
- Ich warte ganz ruhig, was sich da allmählich für eine Gestalt entwickelt. Welchen Eindruck macht sie auf mich? Ganz gleich, ob mir das Bild gefällt oder nicht, ich lasse alles zu, was sich ergibt. Sobald das Bild klar und deutlich geworden ist, schiebe ich es vorerst einmal zur Seite. Wieder habe ich eine weiße Wolke, einen weißen Nebel vor mir.
- Nun wende ich mich abermals an meine innere Weisheit und erkunde, wie die innere Frau beschaffen ist, die ab jetzt, ab heute für mich voll und ganz stimmig ist, die zu mir gehört. Auch diesmal erwarte ich nichts, bin nur offen und bereit. Ich kann mich auf meine Intuition vollkommen verlassen. Sie weiß Bescheid und führt das Bild vor mein geistiges Auge, das meinem wahren Sein entspricht.
- Wenn nun das zweite Bild spürbar stimmiger ist, als das erste, dann ist eine Korrektur nötig. Ich stelle in Gedanken die nicht meinem wahren

Selbst entsprechende Erscheinung in einen schwarzen Bilderrahmen und zerstöre diese samt dem Rahmen, damit sie mich nie mehr einholen kann. Ich lege das Bild in einen visualisierten Feuerstoß oder lösche es aus, bis nichts mehr davon zu sehen ist.

– Nun verwende ich einen weißen Rahmen und stelle die stimmige Gestalt hinein. Langsam nehme ich das Ganze mehr und mehr an mich heran. Der Rahmen fällt weg und das Bild ist in mir. Ich fühle Freude und Dankbarkeit. Nun weiß ich endlich, wie ich gemeint bin. Ich denke an einen Schmetterling, der aus der Puppenhülle schlüpft und seine Flügel ausbreitet. Der neue Zustand ist für ihn zunächst auch noch ungewohnt. Ich fühle mich mehr und mehr in dieses stimmige Bild hinein und lasse es in mir wirken, bis ich tief in mir weiß, dass es im Zellgedächtnis verankert ist, bis ich weiß, dass ich diese neue Frau bin.

Eine junge Dame, die sich schon lange Zeit einen Partner gewünscht hat, entdeckte zunächst in sich eine alte gebückte, unzufriedene und unsichere Gestalt. Es ist ihr bewusst geworden, was sie bisher ausgestrahlt hat. Das stimmige Bild, das ihr die innere Weisheit zeigte, war so ganz anders. Es stieg eine strahlende, junge Frau aus der Wolke, sie war freundlich und selbstbewusst. Tränen der Freude kamen auf, als die Dame erfasste, wie sie gemeint war. Sie legte alle alten „Programme" und falsche Prägungen ab und lebte ab diesem Tag das, was ursprünglich verborgen und verschüttet war.

Es ist wichtig, das neue stimmige Bild und Gefühl, drei bis vier Wochen immer wieder in sich aufleben zu lassen und sich als dieser neue Mensch in verschiedenen Situationen zu erleben. Der Schlüssel zu harmonischen und befriedigenden Beziehungen ist die Herstellung des inneren Gleichgewichtes von männlichen und weiblichen Energien in uns. Wer künstlerisch begabt ist, kann ein Bild von sich zeichnen oder malen und dieses immer wieder betrachten.

Nach der von mir empfohlenen Zeit verhalten wir uns so, wie wir gemeint sind, so wie es stimmt. Wir sind dann wir selbst und finden auf diese Weise unsere innere Harmonie. Wenn nun eine Frau ihren inneren Mann in der gleichen Weise erforscht und mit dem zu ihr gehörigen Bild vergleicht, so ist in vielen Fällen derselbe Vorgang wie eben beschrieben erforderlich.

Wieder verwenden wir die Rahmentechnik, um eine eventuell nötige Korrektur vorzunehmen. In Gedanken stellen wir den stimmigen Mann neben die stimmige Frau. Nun erst haben wir alles, was wir in uns brauchen. So verstärken wir unser Charisma und werden zu einer anziehenden Persönlichkeit.

Wenn nun ein Mann seine inneren, zu ihm gehörigen Bilder erfassen will, so empfehle ich die gleiche Vorgangsweise. Wenn Sie dem männlichen Geschlecht angehören, so beginnen Sie mit dem Bild des inneren Mannes und erkunden so später auch Ihre innere Frau. Man fühlt sich nach dieser Reise ins Ich und der fast immer nötigen Korrektur wie neu geboren.

All die vielen Damen und Herren, die diesen Weg bereits gegangen sind, erklären mir immer wieder, dass durch dieses stimmige Gefühl für sie ein neues Leben begonnen hat.

Ein junger Mann, der schon lange eine Partnerin suchte und keine fand, die bei ihm blieb, erkannte in sich einen Buben. Dieser wollte nicht erwachsen werden, um nicht so zu sein, wie sein Vater. Nach einem Gespräch von Seele zu Seele mit dem Vater, nach Verzeihen und Vergeben, erschien in ihm das Bild, das zu ihm gehörte. Er nahm es an und war erst ab diesem Tag ein reifer Mensch. Als dieser fand er auch bald eine liebenswerte Partnerin. Vor dem Austausch der inneren männlichen Gestalt hatte er, ohne es zu wissen, die Ausstrahlung eines Kindes und war für Frauen in keiner Weise anziehend.

Zwei- bis dreimal pro Jahr ist es angebracht, die inneren Gestalten zu überprüfen. Da wir uns ständig weiterentwickeln, ist auch von Zeit zu Zeit eine Nachkorrektur angebracht. Das Leben ist ein einziger Fluss, wir sollten niemals stehen bleiben und an Altem und Gewohntem festhalten. Bei so manchen Frauen, die Probleme mit dem Partner haben, erscheint als innerer Mann der eigene Vater. Bei Männern, die häufig Konflikte mit ihrer Partnerin haben, kommt es vor, dass sie als innere Frau ihre Mutter erkennen.

Diese Damen und Herren haben eine sehr enge Bindung zu dem gegengeschlechtlichen Elternteil und bewundern diesen ganz besonders. Sie vergleichen den Partner unbewusst ständig mit dem Vater bzw. der Mutter. Der Partner kann dem nicht entsprechen. Er hat andere Stärken und andere gute Eigenschaften. Diese werden aber leider oft zu wenig bemerkt. Ständiges Nörgeln und häufige Unzufriedenheit belasten die Beziehung und führen, wenn die eben beschriebenen Zusammenhänge nicht erfasst werden und keine Wende eintritt, sehr oft zur Trennung.

Es kommt auch immer wieder vor, dass erwachsene Männer junge Burschen in sich entdecken. Diese Herren haben dann die größten Probleme mit dem Älterwerden. Sie setzen Taten, die eine oft lange bestehende und gute Partnerschaft gefährden. Viele meinen: „Ich will dies oder jenes gar nicht, aber da ist so ein innerer Zwang." Nach dem notwendig gewordenen Austausch erfassen sie erst, dass wir mit jedem Jahr reifer und weiser werden können und verhalten sich dann auch danach. Innere Ruhe und Zufriedenheit stellen sich ein. Würde ist spürbar. Wenn sich hingegen ein 50-jähriger Mann so verhält wie ein 20-Jähriger, wirkt dies eher lächerlich. Das Gleiche gilt natürlich auch für Frauen. Sobald die inneren Bilder stimmen, ist auch das Miteinander im Berufsleben weit harmonischer. Wir sind dann im Lot, echt und authentisch.

BERICHT EINER ERFOLGREICHEN MANAGERIN:

Ich hatte das Riesenglück, mir kurz vor Jahreswechsel das Bild meiner „Inneren Frau" anzusehen. Die Kernglaubenssätze aus meiner Kindheit lauteten:

Frauen haben keine eigenen Interessen, Liebe muss erlitten werden, Männer sind die Stärkeren.

Als Mutter muss man trachten, bestmöglichst auszusehen, die besterzogensten Kinder zu haben und am besten kochen zu können, sonst kann es sein, dass man verlassen wird.

Wen wundert es, dass ich mich in meinen Partnerschaften bis zur Selbstaufgabe angepasst habe. In meinen Gedanken wäre der

Preis für Unabhängigkeit und Selbstständigkeit die Einsamkeit gewesen – und wer möchte schon gerne einsam sein! Ich war wie „Mann" mich haben wollte, damit „Mann" mich liebt.

Unglücklich über dieses Lebensbild, sah ich mir die für mich stimmige „Innere Frau" an, ich sah sie lustig, locker, leicht, fröhlich, humorvoll. Ich erkannte, dass ich nicht alles so tragisch und persönlich nehmen durfte. Es müsste nicht immer alles 100 % sein und ich bin nicht für alles verantwortlich.

Zuerst war ich zerrissen und zweifelnd: soll ich, darf ich so sein??? Ja, als diese Frau wollte ich ins nächste Jahr gehen! Als diese Frau ging ich schlafen und als diese Frau stand ich auf, drei Wochen lang – in Gedanken.

Nach kurzer Zeit fragte mich mein Sohn: „Mami, seit wann bist du so lustig?"

Als mein Partner, den ich erst fünf Monate vorher kennen gelernt hatte, eines Tages feststellte „Weißt du, als ich dich damals sah, lächelten nur deine Augen – heute lachst du mit deinem ganzen Körper" – wusste ich: die Frau für das dritte Jahrtausend war geboren und genauso möchte ich den Rest meines Lebens bleiben!

DAS ERKENNEN DER WIRKLICHKEIT

WIE ICH DEN WAHREN ZUSTAND MEINER BEZIEHUNGEN ERKENNE

Dabei helfen Ihnen einige Übungen. Für diese Übung benötigt man ein bis zwei Stunden Zeit und einen ruhigen Platz, an dem man ganz ungestört ist. Schließen Sie Ihre Augen und ziehen Sie sich in Ihre Mitte zurück. Lassen Sie die Außenwelt los und atmen Sie wieder tief ein und tief aus. Wenn Sie innerlich weit werden, indem Sie in Gedanken den ganzen Raum mit Ihrem Bewusstsein erfüllen, dann sind Sie für die anschließende Übung gut vorbereitet.

Übung

DIE VISION VOM WEG

- Lassen Sie nun vor dem inneren Auge einen Weg erscheinen. Wo sehen Sie sich selbst auf diesem Weg? Wo erscheint Ihr Partner oder ein anderer Ihnen nahestehender Mensch? Erblicken Sie diese Person vor oder hinter sich, Ihnen zu- oder abgewandt? Welchen Eindruck macht dieses Bild auf Sie?
- Nun wenden Sie sich gedanklich um und schauen zurück auf den Weg, der Sie hierher geführt hat. Ist dieser bereits zurückgelegte Teil hell oder dunkel und fällt Ihnen irgendetwas Besonderes auf? Sind bestimmte Menschen zu sehen und falls dies der Fall ist, welchen Eindruck machen diese? Wirkt der Weg leichter oder schwerer begehbarer als der gegenwärtige?
- Wenn Sie alles erfasst haben, dann gehen Sie gedanklich bis zum Ende des Pfades, auf dem Sie jetzt stehen. Sie erkennen einen Hügel. Hinter dem Hügel ist alles so, wie es für Sie in Wahrheit stimmt. Sie gehen nun auf den Hügel und schauen hinunter auf das Bild, das sich offenbart. Sehen Sie sich alleine oder mit anderen Menschen?
- Falls Sie eine oder mehrere Personen erblicken, so prüfen Sie, ob diese nahe bei Ihnen sind oder ein gewisser Abstand vorhanden ist. Welche Tätigkeit führen Sie selbst in diesem Bild aus? Fällt Ihnen irgendetwas ganz besonders auf?

– Wenn dies der Fall ist, dann fragen Sie Ihre innere Weisheit, was dies zu bedeuten hat? Was es Ihnen sagen will.

Wenn Sie diese drei Bilder betrachten und vergleichen, so wird Ihnen vieles klar werden. Möglicherweise werden Ihnen notwendige Schritte bewusst. Ich kann Ihnen nur empfehlen, diese Schritte dann auch zu gehen, um im Fluss des Lebens zu bleiben.

Für die meisten Menschen ist eine dauerhafte, harmonische Partnerschaft sehr erstrebenswert. Wir schöpfen aus einem liebevollen Miteinander außerordentlich viel Kraft und gewinnen Gesundheit und Lebensfreude.

Ein vorübergehendes Alleinsein ist allerdings im Leben oft sehr wichtig und heilsam. Für eine gegenseitig bereichernde Partnerschaft ist Achtsamkeit und Fürsorge erforderlich. Wenn wir sie nicht pflegen, dann verkümmert sie. Leider machen sich viele Leute etwas vor und verdrängen kleine Anzeichen von Disharmonie. Diese Anzeichen entsprechen der Ölkontrolllampe im Auto. Wenn wir das Aufleuchten nicht beachten, dann entsteht ein größerer Schaden, der oft nur schwer zu beheben ist. Wie können wir nun von Zeit zu Zeit, außer über die Vision vom Weg, den Zustand einer Partnerschaft prüfen? Es gibt verschiedene interessante Möglichkeiten. Eine davon ist der Baum der Beziehung. Wenn ich diese Übung durchführe, so erkenne ich ganz klar, die momentane Lage.

Übung

DER BAUM DER BEZIEHUNG

– Ich schließe meine Augen und beobachte meinen Atem. Beobachte eine Weile, wie er einströmt und wieder ausströmt. In Gedanken ziehe ich mich zurück in meine Mitte und fühle eine tiefe innere Ruhe.
– Nun denke ich an meinen Partner und lasse einen Baum erscheinen, der der momentanen Beziehung zwischen uns entspricht. Ich nehme den Baum so an, wie er sich spontan zeigt.
– Nun stelle ich mir vor, dass ich Gärtner bzw. Gärtnerin bin und betrachte den Baum. Wirkt er gesund oder krank, stark oder schwach, braucht

der Baum irgendetwas, um wachsen und gedeihen zu können? Hat er genug Raum um sich? Sollte man einige dürre Äste entfernen? Braucht der Baum Wasser oder Dünger?

Ich mache mir ein Bild von diesem Baum der Beziehung. Wenn ich merke, dass zu wenig Licht und Raum vorhanden ist, dann sollte ich dafür sorgen, dass die Zweisamkeit wieder mehr gepflegt wird.

Oft trauen wir uns Freunden und Bekannten gegenüber nicht ehrlich zu sagen, dass wir immer wieder einmal mit dem Partner allein sein wollen. Wir haben Angst, dass sich Freunde abwenden. Was zu uns gehört, können wir aber nicht verlieren. Wenn jemand kein Verständnis dafür aufbringt, dann ist dieses Miteinander auf die Dauer ohnehin nicht aufrecht zu erhalten. Ein gewisses Maß an Zweisamkeit ist für eine gute Beziehung sehr wichtig.

Wenn ein Paar Kinder hat, dann empfehle ich, bei aller Liebe, nicht zu vergessen, dass es für die Partnerschaft wichtig ist, auch einmal einen Abend oder ein Wochenende nur Mann und Frau zu sein. Wenn die Kleinen von Zeit zu Zeit von einer liebevollen Oma, Tante oder von Freunden betreut werden, kann ein Paar für einige Stunden oder Tage der Beziehung neuen Schwung geben. Ein gemeinsames Wochenende in einer schönen Umgebung ist ein wahrer Jungbrunnen für das weitere gemeinsame Leben. Nach so einem Wochenende hat man auch wieder viel mehr Geduld für die zahlreichen Wünsche und Bedürfnisse der Kinder. Wenn Eltern ausschließlich Eltern sind, dann leidet die Liebe.

Wenn der Baum der Beziehung zu wenig Platz um sich hat oder zu sehr im Schatten anderer Bäume steht, dann sollte ich meine innere Weisheit fragen, was notwendig ist, damit die Harmonie nicht gefährdet wird. Wenn der Baum schwach wirkt und Wasser und Dünger benötigt, so ist es angebracht, viel Licht und Segen, diese besondere stärkende Energie von der einen höchsten Kraft aufzunehmen und einige Zeit über das weit offene Herz auf die Beziehung fließen zu lassen. Falls dürre Äste vorhanden sind, so gehört etwas besprochen und bereinigt. Vielfach ist ein Loslassen von alten Verletzungen und Kränkungen erforderlich.

Sobald wir von Zeit zu Zeit, auch dann, wenn scheinbar alles stimmt, den Baum der Beziehung betrachten, gehen wir den Weg der Achtsamkeit. So manches Paar lässt alles laufen und macht sich etwas vor. Wenn dann ein Partner aus einer Beziehung ausbricht, wundern sich viele, dass sie den oft schon lange andauernden schlechten Zustand der Beziehung nicht bemerkt haben.

Eine Dame, deren Mann die Scheidung wollte, erklärte mir: *„Ich dachte 30 Jahre, dass unsere Ehe harmonisch ist, dabei haben wir immer wieder Probleme unter den Teppich gekehrt. Nun weiß ich, dass dies ganz verkehrt war. Hätte ich mich doch früher mit dem Zustand unserer Beziehung beschäftigt!“*

Wir sollten Partnerschaften tatsächlich so pflegen, wie ein Gärtner seine Pflanzen.

Eine weitere sehr schöne Möglichkeit um den gegenwärtigen Zustand einer Beziehung zu erkennen, ist das Visualisieren einer Wiese.

DIE VISION VON DER WIESE

Häufig denken wir nach einem Streit, es wäre aus und vorbei, da ist keine Liebe mehr und kein Miteinander. Wenn wir uns zurückziehen, in die Stille gehen und eine Wiese aufsteigen lassen, die der momentanen Beziehung entspricht, so merken wir oft, dass diese gar nicht so hässlich oder verwüstet aussieht, wie wir erwartet haben. Oft fehlen Blumen und vielleicht erkennen wir auch eine Distel oder eine harte Erdscholle.

Wenn wir klar erkennen, dass trotz einer unschönen Auseinandersetzung noch Leben in der Beziehung vorhanden ist, so gibt uns das meist Kraft gemeinsam weiterzugehen. Sobald wir bereit sind, uns ernsthaft mit der Lage auseinander zu setzen, Segen und Liebe in uns aufzunehmen und dem anderen zu senden, so kann die Wiese nach kurzer Zeit wieder sehr lebendig und gesund wirken. So mancher war schon erstaunt, wenn ganz spontan, eine schöne grüne Wiese erschien. Oft sind nach einer Auseinandersetzung einzelne kahle Stellen vorhanden, aber die Wiese lebt.

Wenn wir nun viel Licht und viel Liebe von der einen höchsten Quelle in uns fließen lassen und dem Partner schenken, spüren wir, wie innere Ruhe einkehrt. Wir sollten so lange geschehen lassen bis wir einen tiefen inneren Frieden spüren. Lassen wir nun nochmals eine Wiese aufsteigen, die jetzt nach diesem Geschenk der Liebesenergie der Beziehung entspricht, so erkennen wir zumeist bunte Blumen, die Wiese wird immer schöner und reicher.

Es ist gut, wenn wir uns Zeit nehmen und einige Tage lang mehrmals in einer Meditation diese besondere Energie aufnehmen und verwenden, bis wir uns auf der Wiese, die erscheint, so richtig wohl fühlen.

Es kann allerdings auch sein, dass wir denken, eine Beziehung ist im Großen und Ganzen in Ordnung. Wir nehmen den entsprechenden Menschen ins Bewusstsein und erblicken eine Wiese voller Brennnessel oder eine verdorrte oder verbrannte Wiese. In diesem Fall sind wir wohl anfangs betroffen, aber wenn uns noch etwas an einem Miteinander liegt, dann sollten wir unser Bestes geben..

Sobald wir unser Ego überwinden und bewusst ganz in das wahre Selbst eintauchen, in den edlen, guten, göttlichen Kern in uns, so können wir trotz der schwierigen Situation Harmonie in uns erwirken. In diesem Fall brauchen wir Geduld. Ein Gespräch von Seele zu Seele, wie bereits beschrieben, ist immer wieder nützlich. Da diese Übung so besonders wichtig ist, gehe ich nochmals darauf ein. Ich wiederhole sie bewusst. Sobald wir uns in unserem wahren Selbst befinden, stellen wir uns auf das wahre Selbst in dem Anderen ein.

Übung

- In Gedanken sehen wir den Menschen vor uns, mit dem wir zurzeit in einer Disharmonie leben. Wir sprechen seine Seele an und stellen alles in den Raum, was es zu sagen gibt. Es muss einmal heraus.
- Wir sagen Gutes, Schönes und wofür wir dankbar sind, aber auch all das, was wir nicht verstehen können und für uns ein Problem darstellt.
- Danach öffnen wir unser Herz und fühlen tief in die Seele des anderen hinein. So erfassen wir, wie es ihm wirklich geht und was er in sich verbirgt. In vielen Fällen spüren wir, dass es dem anderen inzwischen auch Leid tut. Falls er aber noch in seinem Ego steckt und nichts spürbar ist, so ist dies kein Grund, um enttäuscht zu sein. Er kann eben noch nicht anders, ist noch nicht bereit.

Übung

- Wenn ich meine gedachte Blüte über meinem Scheitel der einen Kraft zuwende, viel heilendes Licht aufnehme und über mein weit geöffnetes Herz zu dem Partner fließen lasse, so spüre ich schon eine gewisse Ruhe.
- Es ist ganz entscheidend, dass ich bereit bin, zumindest in Gedanken, aus tiefstem Herzen zu verzeihen und wenn es angebracht ist, auch um Verzeihung zu bitten. Ein Stein löst sich von der Seele und ich bin frei.
- Wenn ich nun so lange Licht, Liebe und Segen sende, bis ich einen tiefen, inneren Frieden verspüre, dann werde ich auch im Anschluss eine viel schönere Wiese erkennen. Gras und Blumen beginnen zu sprießen, Disteln, Dornen und Brennnesseln verschwinden mehr und mehr. Sobald ich selbst wieder Ruhe und Frieden aussende, so kommt auch die entsprechende Energie zurück. Ich rege durch meine Ausstrahlung das Gute im anderen an.
- Wenn wir Hass aussenden, erfahren wir Hass, wenn wir Liebe aussenden, erfahren wir Liebe.

In einer stillen Stunde sollten wir uns einmal über das Visualisieren einer Wiese die momentane Beziehung zu allen uns nahestehenden Personen ansehen. Auf diese Weise erkennen wir, was stimmt und was nicht. Viele Menschen sind unachtsam und schließlich entsetzt, wenn ein Miteinander auseinander bricht. Durch die eben beschriebene

Übung erkennen wir rechtzeitig, ob und was fehlt bzw. was zu tun ist, um ein erfüllendes Miteinander zu leben.

Ich bin immer wieder beeindruckt, wenn ich bei meinen Kinderseminaren merke, wie schnell Buben und Mädchen aller Altersstufen bereit sind, zu verzeihen. Sie überwinden ihr Ego viel leichter und schneller als so mancher Erwachsener.

Wenn wir nicht aus tiefem, ehrlichem Herzen vergeben, so belastet dies Körper und Seele. Erwachsene sollten sich an den Kindern ein Beispiel nehmen, damit sie weder die eigene Gesundheit, noch ihre zwischenmenschlichen Beziehungen gefährden.

Will oder kann man nicht verzeihen, so bewirkt eine unsichtbare Wand zwischen Partnern, die das seelische und körperliche Miteinander massiv stört. Sobald wir bewusst unser Ego verlassen und in das wahre Selbst eintauchen, schaffen wir es über unseren Schatten zu springen und auch scheinbar Unverzeihliches zu vergeben.

BEZIEHUNGEN LEBEN

ZU VIEL ODER ZU WENIG NÄHE

Wir sollten Beziehungen leben und keine Bindungen. Um zu erkennen ob zu viel Nähe oder zu wenig vorhanden ist, ob ein Partner klammert und dem anderen zu wenig Bewegungsfreiheit gibt, oder sich innerlich zu weit entfernt hat, können wir eine überaus interessante Übung verwenden:

Übung:

- Wir nehmen ein Blatt Papier und einen Stift. Nun schließen wir unsere Augen, ziehen uns wieder in unsere Mitte zurück und kommen zur Ruhe.
- Sobald wir innere Stille spüren, öffnen wir unsere Augen, denken an uns selbst und zeichnen spontan einen Kreis auf das Blatt. Wo haben wir den Kreis hinplatziert, in die Mitte oder mehr an den Rand? Ist er groß oder klein?
- Wir schreiben „Ich selbst" hinein. Wieder schließen wir unsere Augen, denken an den Partner und zeichnen nun für ihn aus unserer Intuition heraus einen Kreis.
- Wer will, kann nun in gleicher Weise, Kreise für eventuelle Kinder, weitere Familienmitglieder oder andere nahestehende Personen einzeichnen.
- Sobald wir fertig sind, betrachten wir das Gesamtbild und fragen unsere innere Weisheit ob Stimmigkeit vorliegt.
- Wenn ein Kreis in unseren hineinreicht oder uns ganz umgibt, so haben wir zu wenig Bewegungsfreiheit, berührt er den eigenen nur, dann ist es gut. Wir erkennen auch intuitiv, ob der Abstand zum Partner stimmig ist oder sich vielleicht als zu groß herausstellt. In gleicher Weise überprüfen wir unser Verhältnis zu allen anderen Personen.

Viele Menschen können sich nicht entfalten und sind missmutig, weil sie zu sehr eingeengt werden, in vielen Fällen ist dies nicht bewusst. Durch die eben erklärte Übung wird so manches klar. Liebe sollte nicht Enge bedeuten und den anderen in seiner Entwicklung und Bewegungsfreiheit behindern. Auch in diesem Bereich ist es angebracht, die Wirklichkeit hinter dem Schein rechtzeitig zu erfassen. Ein klares Gespräch ist nötig. Falls dies nicht zu dem erwünschten Ergebnis führt, so können wir durch eine mentale, liebevolle Vorgangsweise Abhilfe schaffen.

Übung

- Wir brauchen wieder Ruhe und Zeit, entspannen uns und atmen eine Weile tief ein und tief wieder aus.
- Nun sehen wir den Partner oder eine andere Person vor uns, schauen tief in die Seele und fragen folgendes: Welche Farbe brauchst Du, um mich im stimmigen Maß loslassen zu können? Es wird eine Farbe in uns aufsteigen. Die innere Weisheit erfühlt, was der andere braucht. Wenn z. B. Rot auftaucht, dann braucht er Kraft. Er holt sich diese Energie im Übermaß von mir. Er weicht nicht von meiner Seite um stets genug zu bekommen.
- Ich wende mich nach oben und lasse gesegnetes Rot in mich einfließen. Ich sammle diese Energie im Nabel und strahle sie wie ein ganz starker Scheinwerfer zum Partner oder einer anderen Person. Aus Liebe hülle ich den betreffenden Menschen so lange in diese Farbe ein, bis ich fühle, dass es vorerst genug ist.

In Amerika wendet man diese mentalen Übungen mit Heilfarben schon seit vielen Jahren an und hat sehr gute Erfolge erzielt. Wir helfen uns selbst und dem anderen, eine unstimmige Situation in eine stimmige zu verwandeln.

Der mir nahestehende Mensch bekommt das, was er so dringend braucht. Ich gebe ihm die Energie freiwillig. Wieder denke ich daran! „Was ich freiwillig gebe, wird mir nicht genommen." Wenn ich mit der einen Kraft verbunden bin, werde ich auch niemals leer. Ich kann jederzeit nachtanken.

Diese Übung ist vor allem dann hilfreich, wenn der Partner oder ein anderer mir nahestehender Mensch nicht gesprächsbereit ist oder mein Problem nicht verstehen kann. Manche verstehen zwar, schaffen es aber nicht, etwas mehr loszulassen und Freiraum zu gewähren. Wenn ich merke, dass ich selbst zu sehr am Partner, an Mutter, Vater oder an den Kindern hänge, dann frage ich meine eigene Seele, welche Farbe sie sich wünscht und braucht.

Es kann z. B. Gelb erscheinen. In diesem Fall sehne ich mich nach menschlicher Wärme. Sobald ich gesegnetes Gelb von der höchsten Kraft bewusst in mich aufnehme, kann ich den nötigen Abstand von anderen Menschen gewinnen und enge diese nicht mehr ein.

Ich empfehle, diese Übung mit den Heilfarben so lange anzuwenden, bis der stimmige Abstand spürbar ist. Ein Abstand, der nicht zu groß und nicht zu klein ist. Auf diese Weise entsteht ein Zustand, in dem sich letzten Endes alle Beteiligten wohl fühlen.

Wenn sich herausstellt, dass der Abstand zum Partner zu groß geworden ist, dass ein Nebeneinander und kein Miteinander vorhanden ist, dann können wir ebenfalls Abhilfe schaffen.

Es gibt eine besonders schöne Möglichkeit, um wieder mehr Innigkeit zu erreichen, das mentale Verbinden. Worte bringen sehr oft nicht das, was fehlt. Wenn der Partner in meiner Nähe ist, gelingt diese Übung besonders leicht und schnell. Wir können sie aber auch anwenden, wenn der Partner nicht körperlich vorhanden ist.

Übung

AUSWEITEN UND ENERGETISCH VERBINDEN

- Ich zentriere mich, prüfe, ob ich mich im wahren Selbst befinde und weite mich nun in Gedanken bis zum Partner hin aus.
- Ich berühre ihn energetisch voller Liebe und Wärme. Gehe in Gedanken in ihn hinein und nehme ihn auf und an.
- Der Partner wird diese ganz besondere Schwingung spüren, ob er nun nahe bei mir ist oder weit entfernt. Er wird sich wohl fühlen. Diese Energie erreicht ihn auch über weite Entfernungen.

Wenn ich einen reifen Partner vor mir habe, dann kann ich ihm diese Übung erklären. Weiten sich nun beide aus, berühren einander und nehmen einander auf und an, dann ist das Ergebnis noch besser und wertvoller. In bereits lange bestehenden Partnerschaften kommt es immer wieder einmal zu einem Nebeneinander, oft sogar zu einer gewissen Kluft. Das energetische, behutsame, liebevolle Ausweiten bringt wieder besondere und beglückende Wärme in das Miteinander. Es entsteht eine tiefe Innigkeit, sowohl auf der körperlichen wie auch seelischen Ebene, ein Sich-öffnen, Hingeben und Annehmen.

Alle Paare, die in meinem Seminar „Liebe und Partnerschaft" bei dieser Übung voll und ganz mitgemacht haben, hatten danach einen besonderen Glanz in ihren Augen und strahlten Zärtlichkeit und Liebe aus. Viele sind dann wieder bereit, aufeinander verständnisvoll einzugehen.

Ich bin oft tief berührt, wenn ich so ein beglückendes Miteinander fühle und miterlebe. So manches Paar, das seit längerer Zeit Spannungen in der Beziehung gespürt hat, fällt sich nach dieser Übung liebevoll in die Arme und ist bereit für einen Neubeginn.

Sich auszuweiten und einen anderen Menschen berühren, ist immer wieder bereichernd. Man kann als Geschäftsmann einen Kunden, als Lehrer einen Schüler, als Vater oder Mutter seine Kinder oder als Arzt seine Patienten so bewusst annehmen und aufnehmen. Ganz besonders hilfreich ist dies aber für die Partnerschaft.

Ein Unternehmer, der ein Seminar für Führungskräfte bei mir besuchte, hatte durch die Übung: „Ausweiten und energetisches Verbinden" ein besonderes Aha-Erlebnis: *„Jetzt weiß ich, was meine Frau meint, wenn sie erklärt: Du bist nicht wirklich präsent, wenn wir zusammen sind. Meine Liebe erreicht dich nicht."* Es war ihm nicht klar, was sie meinte. „Nun weiß ich Bescheid", sagte er. *„Ich habe mich abgegrenzt, war nicht wirklich offen und mit ihr verbunden. Ab jetzt werde ich bewusst darauf achten und sie immer wieder liebevoll auf- und annehmen."*

Diese einfache Übung hat schon oft mehr bewirkt als eine wochenlange Beratung. Jede Frau wünscht sich in einer Partnerschaft Innigkeit und Einssein.

Ein Schuldirektor, der bei einem Seminar für Pädagogen diese Übung mit mir gemeinsam versuchte, meinte, „*Ich war skeptisch und konnte mir zunächst nicht viel vorstellen. Ich bin tief beeindruckt. Die menschliche Wärme, die ich gespürt habe, als sie mich energetisch berührten war überaus wohltuend. Jetzt ist mir klar, was in meiner seit 30 Jahren bestehenden Ehe fehlt und wie wir von einem Nebeneinander wieder zu einem erfüllenden Miteinander finden können.*“

ERKENNEN UND LÖSEN VON KRISEN

DIE VERSCHIEDENEN EBENEN DER LIEBE

Es kommt immer wieder vor, dass ein Paar in eine ernste Krise schlittert. Verhaltensforscher haben sich sehr intensiv mit dieser Thematik auseinander gesetzt und sehr unterschiedliche Gründe gefunden. Einer davon ist der, dass sich zwei Menschen, die beisammen leben, zeitweise in verschiedenen Ebenen befinden.

Im Griechischen gibt es drei Ausdrücke für Liebe. Eros, Philia und Agape. *Eros* ist die körperliche Liebe, die Schwung gibt und belebt. *Philia* bedeutet Zusammenschwingen der Seelen. *Agape* ist jene Liebe, die nichts und niemanden mehr ausschließt.

Wenn einer von zwei Partnern in der Erosebene lebt und der andere in der Philiaebene, dann sind Spannungen unvermeidbar. Dies kommt z. B. häufig nach der Geburt eines Kindes vor. Eine Frau ist dann zumeist vor allem Mutter und so beschäftigt, dass sie nicht die Lustgefühle verspürt, die der Partner, der sich in der Erosebene befindet, erwartet und sich wünscht.

Er glaubt dann häufig, dass sie ihn nicht mehr liebt. Sie aber hat das Gefühl, dass er zu fordernd ist und zu wenig rücksichtsvoll. Wenn die beiden diese Problematik nicht kennen, so gibt es oft schlimme Zerwürfnisse. Sind die Zusammenhänge bekannt, so kann ein Paar viel eher aufeinander eingehen und aufeinander zugehen, statt in Ärger, Enttäuschung und Gekränktheit zu verharren.

Es ist schade, wenn eine Kluft entsteht, die nur schwer zu überbrücken ist.

DIE SEELENLANDSCHAFT DES ANDEREN

Eine häufig vorkommende Ursache für Krisen besteht darin, dass jemand zu sehr in die Seelenlandschaft eines Partners oder Freundes eindringt und versucht, dort „herumzuräumen" und „auszuräumen". Niemand würde in die Wohnung eines anderen gehen und dort Teppiche einrollen oder Bilder weghängen und Möbel verschieben. Im seelischen Bereich haben viele Menschen weniger Hemmungen. So mancher versucht, den Partner zu verändern, nörgelt an seinem Verhalten, seiner Einstellung zu verschiedenen Dingen und seiner Sichtweise.

Solche Versuche, einen anderen zu erziehen und nach den eigenen Vorstellungen zu formen, stören ein Miteinander mehr und mehr. Vielleicht passt sich ein Partner eine Weile an, damit es nicht dauernd Streit gibt. Früher oder später leidet die Beziehung oder schlittert in eine Krise. Einer ist dann im „Eltern-Ich", der andere im „Kindheits-Ich".

Wir sollten stets auf unser Ego achten. Es spielt uns so häufig Streiche. Wenn wir einem anderen ruhig und liebevoll sagen, was für uns selbst ein Problem ist, so bitten wir indirekt um Hilfe, statt den anderen anzugreifen.

Ich empfehle Ihnen nochmals, achtsam zu sein. Dies ist bei jedem Miteinander unbedingt erforderlich, um Krisen zu vermeiden.

KRISEN DURCH ZU GROSSE GEGENSÄTZE

Wenn zwei Menschen von Grund auf verschieden sind, so ist ein Miteinander und Harmonie nur möglich, wenn sich zwei reife Persönlichkeiten gegenüberstehen. Gegensätze ziehen sich häufig an. Zunächst ist das Anderssein des Partners interessant, später gibt es meist große Konflikte.

Auf einen Feger kommt häufig ein Heger, auf einen Sitzer ein Flitzer, auf einen Sager ein Nager. Wenn so unterschiedliche Charaktere nicht bereit sind, aufeinander zuzugehen und sich so weit wie möglich aufeinander einzustellen, dann kommt es zu Streit und Krisen. In Wahrheit spiegelt einer dem anderen einen Bereich und ein Verhalten, das er selbst zu wenig oder gar nicht lebt.

Wenn beide bereit sind, aus ihrem Ego herauszutreten, eine gewisse Starrheit aufzugeben und sich auf den anderen einzulassen, dann entsteht mehr und mehr Stimmigkeit. Einer kann auf diese Weise vom anderen gewinnen und das richtige Maß finden.

Der Weg der Weisheit, der Intuition und Liebe ist auch in diesem Bereich der hilfreichste.

Wollen zwei Menschen, die aus ganz verschiedenen Kulturkreisen kommen oder unterschiedlichen Religionsgemeinschaften angehören, zusammen leben, so ist ebenfalls viel Einfühlungsvermögen und Toleranz gefordert. Bevor wir eine solche Beziehung eingehen, ist es überaus hilfreich, über Bild, Gefühl und Wort zu prüfen.

Übung

- Stellen Sie sich vor, Sie leben schon mit dem entsprechenden Partner zusammen. Denken Sie an alles, was dazugehört, Positives und Negatives. Sie erleben sich am Ziel. Lassen Sie sich Zeit dabei, viel Zeit und erfassen Sie das Miteinander.
- Nehmen Sie wahr, was von innen her spürbar ist, was Ihnen bewusst wird, und wie sich das Ganze anfühlt.

Wiederholen Sie diese Übung einige Tage, bis Sie ganz deutlich erkennen, ob von innen her ein deutliches Ja spürbar ist.

Zuletzt behaupten Sie: Es ist stimmig für mich, mit diesem Menschen das Leben zu teilen. Wieder erfassen Sie, was Ihre innere Weisheit sagt. Auf diese Weise können wir über die Intuition erkennen, ob trotz gewisser Gegensätze ein harmonisches Miteinander möglich ist.

EINE STIMMIGE PARTNERSCHAFT

DEN FÜR UNS STIMMIGEN PARTNER ERKENNEN

Wie können wir den für uns stimmigen Partner erkennen? Viele Menschen haben Angst vor dem Alleinsein und gehen daher Partnerschaften ein, ohne in sich zu prüfen, ob dieses Miteinander wirklich bereichernd ist.

Wie erfassen wir, ob wir den stimmigen Partner gefunden haben? Wenn wir nicht unser Ego fragen und uns vom Ego leiten lassen, sondern von unserem wahren Selbst, dann spüren wir deutlich, ob der Mensch, der vor uns steht, zu uns gehört. Wenn dies der Fall ist, fühlen wir, dass wir angekommen sind. Ein Gleichklang ist spürbar, ein Zusammenschwingen der Seelen und eine tiefe Achtung voreinander.

Nach einer internationalen Studie sind die wenigsten Verbindungen, die eingegangen werden, wirklich stimmig. So manche Menschen wissen tief in sich oder ahnen es zumindest, dass Sie den wahren Seelenpartner noch nicht getroffen haben. Statt zu warten, meinen sie, wir probieren es miteinander.

Beziehungen, die aus Angst vor dem Alleinsein eingegangen werden, sind von Anfang an problematisch. Auch eine Flucht aus dem Elternhaus führt selten zu einem stimmigen Miteinander.

Als ich vor 33 Jahren einem jungen Mann gegenüber stand, wusste ich tief in mir, dass wir zusammengehören. Wir fühlten es beide und fühlen dies auch heute noch. In einer von Beginn an stimmigen Partnerschaft gibt es natürlich auch ein Auf und Ab und manchmal ein Nebeneinander oder Gegeneinander, aber man trennt sich nicht gleich, man bemüht sich viel mehr, wenn man weiß, dass man trotz allem füreinander bestimmt ist. Wenn man ein Studium beginnt und überzeugt ist, dass das gewählte Fach zu einem gehört, dass man dafür geboren ist, dann nimmt man auch alle Hürden und bricht nicht gleich ab, wenn es schwierig wird.

Eine Dame, die ich seit meiner Kindheit kenne, war in jungen Jahren mit einem sehr gut aussehenden, reichen Mann verlobt. Die ganze Familie war begeistert von dieser guten Partie. Während einer Reise mit ihrer Freundin lernte Sie einen anderen Mann kennen, der von Geburt an ein steifes Bein hatte, mit seiner Ausbildung noch nicht fertig war und als Sohn einer armen Bergbauernfamilie über keinerlei Mittel verfügte. Sie war überzeugt, dass er der Partner fürs Leben war. Die Dame kehrte nach Hause zurück, löste ihre Verlobung, zum Entsetzen der gesamten Familie, und heiratete ihren stimmigen Partner. Sie erfasste über ihre innere Weisheit, dass Sie ihren Seelengefährten gefunden hatte. Die beiden haben mehrere Kinder bekommen, sind längst Großeltern und noch immer überzeugt, dass sie zusammengehören, dass sie füreinander geboren sind. Es ist niemals ein böses Wort zwischen diesen Partnern gefallen.

Ich kann Ihnen nur empfehlen, keine leichtfertigen Verbindungen einzugehen. Es dauert doch oft recht lange, bis Verletzungen und Risse heilen. Auf dem Weg der Liebe sollten wir auch niemandem etwas vormachen, weder uns selbst, noch einem anderen Menschen.

Nur die innere Weisheit vermag uns zu vermitteln, ob ein bestimmter Mensch als Partner zu uns gehört.

So mancher Mann sucht unbewusst die Mutter in der Partnerin und so manche Frau den Vater. Wenn wir unser inneres Kind heilen und zumindest auf Seelenebene Harmonie mit den Eltern erreichen, dann besteht dafür keine Notwendigkeit mehr. So lange wir einen Partner brauchen, um etwas zu kompensieren, was dereinst gefehlt hat, ist das Miteinander sehr problematisch.

Fragen Sie sich, ob Sie bereit sind, mit dem betreffenden Mann bzw. der betreffenden Frau alt zu werden und den Partner auch zu pflegen und bis an den Rand des Lebens zu begleiten, wenn das Leben dies fordern sollte.

Wenn ein eindeutiges, bedenkenloses Ja in Ihnen wahrnehmbar wird, dann ist die Stimmigkeit vorhanden.

ENERGETISCH EINSWERDEN

Die körperliche Verbindung sollte die Krönung einer tiefen Liebe sein. Sie bringt nur dann wirklich Erfüllung und tiefes Glück, wenn beide Partner den Wunsch haben, zumindest für eine Weile ganz ineinander aufzugehen und sich im anderen zu verströmen. Wenn Herz und Seele nicht voll involviert sind, der Partner vielleicht sogar beliebig austauschbar ist, dann ist auch die körperliche Verbindung ohne jeden wirklichen, echten Wert. Sobald sich zwei Körper, zwei Energiefelder vereinigen, verschmilzt die Aura des einen mit der Aura des anderen. Dies ist der Grund dafür, dass nach einer leichtfertig eingegangenen geschlechtlichen Vereinigung immer eine gewisse Trauer und ein schales Gefühl zurückbleiben. Körper und Seele sind eben untrennbar verbunden.

Wenn wir zueinander gehören und der Partner sich nach körperlicher Liebe sehnt, wir selbst aber momentan zu wenig Lustgefühl verspüren, dann ist es nicht sinnvoll, dem anderen etwas vorzumachen oder angebliche Müdigkeit und Kopfschmerzen vorzuschieben. Wenn jemand gestresst nach Hause kommt oder wenn eine Hausfrau und Mutter überfordert ist, dann ist eben oft zu wenig Energie vorhanden, die in Liebe mit einem Partner getauscht werden kann. Sagen Sie dem Partner, dass Sie sich kurz entspannen möchten, um sich bereit zu machen für ein gegenseitiges, bereicherndes Miteinander.

Übung

- Legen Sie sich bequem hin und schließen Sie Ihre Augen. Atmen Sie einige Male ruhig ein und wieder aus. Nun fühlen Sie Ihre Mitte, Ihr Zentrum, genießen Sie die innere Ruhe.
- Sobald Sie zentriert sind, stellen Sie sich vor, dass von Ihrem Steißbein eine Wurzel in den Boden reicht. Über diese gedachte Verbindung zur Erde fließt nun Energie, Lebenskraft und Schaffenskraft in das Becken. Allmählich entsteht ein strömend warmes Gefühl im Bauch.
- Wenn man nun die Hände liebevoll über den Unterleib legt und in Gedanken auch Energie von den Geschlechtsorganen ins Becken strömen lässt, so ist die Bereitschaft für ein inniges, körperliches und seelisches Miteinander wieder hergestellt.

– Wenn wir uns nun ausweiten und den Partner voll und ganz annehmen, so ist eine beglückende Harmonie fühlbar. Wir haben dann keine Probleme, uns voll und ganz hinzugeben und im Partner aufzugehen.

8. KAPITEL

DIE WUNDERBARE WIRKUNG DES ENERGETISCHEN HEILKREISES

Das schönste Glück des denkenden Menschen ist,
das Erforschte erforscht zu haben und
das für den Verstand Unerforschliche zu verehren.

Goethe

AUFLÖSEN VON ALTLASTEN

Wenn ein Paar nicht miteinander leben kann, aber auch nicht einer ohne den anderen, so liegt in den meisten Fällen eine karmische Verkettung vor.

Zwei Menschen versuchen dann immer wieder, miteinander zu leben, bis sie erkennen, dass eine Partnerschaft nicht möglich ist. Nun trennen sie sich, kommen aber trotzdem nicht voneinander los. Jedes erneute Treffen endet dann doch wieder mit gegenseitigen Verletzungen, mit Frust und Enttäuschung. Selbst wenn die beiden sich zu einer Scheidung durchringen, sind sie weiterhin verbunden. Wenn nun einer von beiden bereit ist, der Sache auf den Grund zu gehen, so kann er sich selbst und dem Partner helfen. Falls er die nötige Reife besitzt, ist er fähig, mit Hilfe der höchsten Weisheit ein blockierendes Karma aufzulösen. Durch den Anschluss an den Zentralcomputer, eben diese höchste Weisheit, kann jeder, der dazu bereit ist, erfahren, was der eigentliche Grund für dieses kräftezehrende, unerklärliche Verhalten ist.

Wenn Sie sich bisher noch gar nicht mit dem Thema Reinkarnation beschäftigt haben, dann empfehle ich Ihnen das überaus sehenswerte und interessante Videoband „Reinkarnation" von *Dr. Dahlke* anzusehen und Bücher von *Dr. Kübler-Ross* zu lesen, der wohl berühmtesten

Sterbeforscherin. Viele Physiker haben sich mit dieser Thematik beschäftigt (siehe Literaturangaben im Anhang).

Zunächst sollten wir über Bilderreisen, wie zum Beispiel die Vulkanübung oder die Spiegelsaal-Übung, alles erkunden, was es zu dem Thema ständige Auseinandersetzungen und doch Nicht-Loslassen-Können zu erforschen gibt.

Es ist hilfreich, die wertvollen Botschaften, die dabei ans Licht kommen, schriftlich festzuhalten. Sobald alles erfasst ist, was dieses jetzige Leben betrifft, so ist als nächster Schritt eine Rückerinnerungsmeditation angebracht.

Bei der nun folgenden Übung kommt man nur dann zu einem Ergebnis, wenn die betreffende Seele und auch die Zeit dafür reif sind. Wir werden von der höchsten Weisheit geführt. Durch das Anschließen an die eine höchste Kraft sehen wir mit dem inneren geistigen Auge auch nur das, was für uns hilfreich und gut ist, was uns wirklich weiterbringt. Wir überschreiten hier die Grenzen des Verstandes und tauchen ein in das höchste Bewusstsein.

Nehmen Sie sich mindestens zwei Stunden Zeit und suchen Sie sich einen Platz, an dem Sie völlig ungestört sind. Lassen Sie während dieser Übung eine angenehme, leise Meditationsmusik laufen.

Übung:

RÜCKERINNERUNGSMEDITATION

- Legen oder setzen Sie sich bequem hin und atmen Sie eine Weile ruhig aus und ein. Sie beobachten Ihren Atem und üben Sie auf diese Weise konzentrative Entspannung. Sobald Sie eine angenehme innere Ruhe verspüren und ganz in Ihrer Mitte sind, nehmen Sie kosmische Energie auf.
- Mit Hilfe der Blüte, die sich auf Ihrem Scheitel öffnet und der Sonne oder dem Energieball, den Sie über sich spüren, tanken Sie auf, bis Sie fühlen, es ist gut so.

- In Gedanken befinden Sie sich nun auf einer wunderschönen Frühlingswiese, Sie fühlen die warmen Sonnenstrahlen auf Ihrer Haut und hören die Vögel zwitschern. Sie sehen vor sich einen Berg, ein Weg führt auf diesen Berg.
- Langsam steigen Sie nun höher und höher, um den Gipfel zu erreichen. Nach einer kleinen Wegbiegung erkennen Sie einen leuchtenden Regenbogen. Sie gehen näher heran und tauchen nun ganz ein in die Farben des Regenbogens.
- Zunächst werden Sie erfüllt von Rot, es ist ein tiefes, leuchtendes Rot.
- Nach einer kleinen Weile – Sie werden intuitiv spüren, wann es angebracht ist, weiterzugehen – tauchen Sie ein in die Farbe Orange. Sie genießen dieses Orange.
- Der nächste Schritt führt Sie in Gelb, in ein strahlendes Gelb. Dieses Gelb erfüllt Sie bis in die letzte Zelle.
- Allmählich schreiten Sie weiter und tauchen ein in Grün, in ein sattes, schönes Grün. Sie fühlen, wie das Herz weit wird in diesem Grün. Lassen Sie die Farbe so lange in sich wirken, bis Sie merken, es ist gut so.
- Erst dann gehen Sie in Gedanken weiter in Hellblau. Sie tauchen ganz ein in dieses Hellblau, fühlen sich in Ihrer Vorstellung in einem wolkenlosen blauen Himmel.
- Sobald Sie von diesem wohltuenden Hellblau erfüllt sind, schreiten Sie weiter in ein tiefes, dunkles Blau und verweilen darin einige Zeit.
- Schließlich erfüllen Sie sich noch mit Violett. Sie baden in diesem Violett bis Sie Ruhe und Frieden verspüren.
- Sie sind nun hellwach und doch ganz entspannt. Sie befinden sich im Alpha-Zustand.
- Nun sehen Sie sich um und erkennen, dass Sie nur mehr wenige Schritte vom Gipfel des Berges trennen. Sie gehen diese Schritte und stehen im strahlenden Licht.
- Sie öffnen Ihre Arme ganz weit und nehmen Licht auf, goldenes, warmes, heilendes Licht. Langsam nähert sich nun eine Lichtgestalt, sie symbolisiert die höchste Weisheit, Ihr Überbewusstsein.
- Lassen Sie sich Zeit, bis Sie mit dem inneren geistigen Auge diese Gestalt erfassen. Die höchste Weisheit liebt Sie und führt Sie. Sie können sich ihr ganz anvertrauen.
- Nun erkennen Sie auch einen weißen Nebelschleier vor sich, es ist der Nebel der Unklarheit. Sie erinnern sich wieder an Ihre Verbundenheit mit der einen Kraft.

- Sie fragen diese höchste Weisheit Folgendes: Liegt der eigentliche und wirkliche Grund für mein Partnerproblem in einem früheren Leben? War da eine Begebenheit, die ich wissen sollte?
- Wenn ein Karma vorliegt, reicht Ihnen die Lichtgestalt nun die Hand und führt Sie langsam und behutsam durch den Nebel der Unklarheit, sie führt Sie in ein früheres Leben und in die Szenen, die die eigentliche Ursache für das Problem in diesem jetzigen Leben darstellt.
- Es kann sein, dass es eine Weile dauert, bis Bilder erscheinen. Haben Sie Geduld, fragen Sie nochmals nach und erwarten Sie nichts, seien Sie absichtslos, offen und bereit.
- Wenn es nach dem Plan der höchsten Weisheit stimmt, nun zu erkennen, dann wird es geschehen. Denken Sie daran, dass Sie alles überlebt haben, die unsterbliche Seele des „Ich bin" hat überlebt. Jeder von uns war immer wieder einmal Opfer und Täter.
- Ganz gleich, was Sie nun erleben, Sie schauen zu und lassen geschehen. Es läuft vor dem inneren Auge ein Film ab, ein Film aus längst vergangener Zeit.
- Wenn Sie eine Frage haben, dann wenden Sie sich an die Lichtgestalt. Warten Sie ruhig ab, bis die Antwort erscheint oder bewusst wird.

Immer wieder gibt es bei einer Rückerinnerungsmeditation ein großes Aha-Erlebnis. Man begreift plötzlich warum der Partner ein bestimmtes Verhalten zeigt. Sehr oft erlebt man eine Parallelität zu diesem Leben. Wir erfassen, dass wir selbst den Partner einmal seelisch oder körperlich sehr verletzt haben oder er uns. Oft erkennen wir Machtstreben, Eifersucht, Angst oder Gier. Wir alle waren einmal auf einer viel niedrigeren seelischen Entwicklungsstufe, haben Dinge getan, die wir heute nicht mehr gutheißen. Wir finden uns zusammen, um etwas Altes, Ungelöstes, nicht Verziehenes zu bereinigen. Wenn wir über die höchste Weisheit, in einem Akt der Gnade und Liebe erfassen, was uns auf der Seele liegt, dann folgt der nächste und entscheidende Schritt.

Übung

HEILKREIS-MEDITATION

- Wir öffnen uns voll und ganz der einen Kraft, nehmen Licht und Segen auf. Segen ist wie die Liebe, eine starke Kraft des Universums, eine alles wandelnde und alles heilende Kraft, eine ordnende Kraft.
- Wir erfüllen uns mit dieser göttlichen Energie, sammeln sie wie eine Vase oder Schale.
- Wir sehen nun uns selbst und den Partner nebeneinander stehen. Dahinter erscheint ein Lichtkreis.
- In diesen Lichtkreis legen wir die alten Bilder, die sich gezeigt haben, aber auch alle Streitigkeiten und Spannungen aus diesem Leben.
- Schließlich bitten wir die Lichtgestalt, dass sie, falls noch weitere karmische Verwicklungen vorhanden sind, diese symbolisch als Ansichtskarten dazulegt.
- Die Bilder auf diesen Karten sind zumeist verschwommen, nicht klar erkennbar. In vielen Fällen werden nun einige oder auch zahlreiche dazugegeben. Jede einzelne Ansichtskarte steht für eine Disharmonie in einem früheren Leben. Sobald die Lichtgestalt zurücktritt, lassen Sie Heilkraft und Segen auf sich, den Partner und all den alten Müll fließen.
- Sagen Sie dem Partner, ich bin bereit, dir alles zu verzeihen, was sich jemals ereignet hat. Ich verzeihe dir aus tiefstem Herzen und es tut mir Leid, dass auch ich in vielen Fällen nicht anders konnte. Ich wünsche dir, dass du deinen stimmigen Weg findest.
- Lassen Sie jetzt so lange Heilkraft und diesen alles heilenden und alles wandelnden Segen fließen, bis Sie merken, dass sich die Bilder und Symbole im Lichtkreis aufzulösen beginnen, bis Sie tief in sich wissen, dass sie nun beide heilen, dass sie beide ins Licht gehen.
- Dann fließt der Überschuss an Heilenergie, der rund um das Bild vorhanden ist, wieder in uns zurück und stärkt uns erneut. Der Heilkreis ist geschlossen.

Manchmal spüren wir, es wäre sinnvoll, diese Meditation in den nächsten Tagen noch einige Male zu wiederholen. Die innere Weisheit vermittelt uns, wann die Sache abgeschlossen ist.

– Bevor Sie die Augen wieder öffnen, recken und strecken Sie sich und atmen Sie tief ein und aus. Stellen Sie sich vor, dass Sie 5 Stufen auf einer Treppe nach oben gehen und bei 5 wieder hellwach sind.

Dieser Heilkreis bringt immer wieder eine wunderbare Wirkung hervor. Nun kann es sein, dass eine ehemals kranke oder scheinbar zerbrochene Partnerschaft heilt und tiefer und beglückender wird als je zuvor, oder die beiden trennen sich ruhig und voller Verständnis. Wenn die Verbindung nicht mehr stimmt, löst sie sich wie ein reifer Apfel vom Baum. Jeder geht dann in Frieden seinen Weg und wünscht dem ehemaligen Partner das Allerbeste.

Im Mentalkörper, dem Energiekörper, der unseren physischen Körper umgibt, sind viele unverarbeitete Erfahrungen aus früheren Inkarnationen gespeichert. Wenn die Seele eine bestimmte Reife erlangt hat, dann will sie Unbereinigtes gut machen, will die alten Hass-, Groll- und Schuldgefühle für immer löschen.

Wenn sich nun Seelen auf der Bühne des Lebens zusammenfinden, dann gibt es häufig Überreaktionen, weil ein bestimmtes Verhalten des Partners, des Kindes, der Mutter oder anderer Personen unbewusst an ein oft recht dramatisches Geschehen in einem früheren Dasein erinnert. Sobald wir erkennen und verstehen, können wir das Notwendige tun.

Das karmische Gesetz ist das denkbar gerechteste Gesetz. Wir müssen so lange inkarnieren, bis wir die Wirkung aller von uns gesetzten Ursachen erfahren haben. Es steht uns allerdings frei, ob wir den Weg der Erkenntnis gehen wollen oder den Weg über Kummer, Leid und Krankheit. Das Zurückschauen über die höchste Weisheit hilft uns auch, Fehler, die sich oft bis heute fortsetzen, endlich zu erkennen und dadurch unser Leben zum Positiven hin zu verändern. Wir sind nicht auf dem Weg der Liebe, wenn wir uns immer wieder Leid zufügen.

Eine Dame, die bereits drei gescheiterte Ehen hinter sich hatte, die unglücklich und traurig war, ahnte, dass die eigentliche Ursache für das Scheitern ihrer Beziehungen in einem früheren Leben lag. Sie schaute zurück und erlebte sich selbst als schönes, leichtlebiges Mädchen, das sich voller Leidenschaft zu einem reichen, aber kalten Lebemann hingezogen fühlte. Sie erkannte auch einen jungen, warmherzigen, aber eher bescheiden lebenden Burschen, der dieses Mädchen aus ganzem Herzen liebte. Sie stieß diesen jungen Mann voller Verachtung von sich, verhöhnte und verlachte ihn. Dies tat ihm sehr weh. Das Mädchen lechzte nur nach Gold und Tand und nach allem Äußeren. Der reiche, kalte Mann ließ sie fallen und sie endete damals einsam und verbittert.

Plötzlich fiel es der Dame wie Schuppen von den Augen, sie hatte bisher in diesem Leben den gleichen Fehler gemacht. Immer wieder hatte sie sich von Äußerlichkeiten blenden lassen und dadurch unstimmige Partner angezogen. Sie erkannte, dass sie endlich auf das Herz und die Liebesfähigkeit achten sollte und nicht auf die äußeren Umstände.

Über den Heilkreis, den sie 3 Wochen anwendete, löste sie alle alten Disharmonien und ihre unstimmige Prägung für immer auf.

HEILKREIS

Ich habe Ihnen den Heilkreis erklärt und empfehle, diese Übung, die inzwischen viele meiner Seminarteilnehmer lieben und schätzen und die Wunder vollbringt, die eigentlich nichts anderes sind, als die natürliche Folge einer stimmigen Ursache, auch dann anzuwenden, wenn Sie einen Streit mit dem Partner hatten oder wenn sich ein Nebeneinander eingeschlichen hat. Sie können diese wunderbare Übung, die mein Leben schon oft sehr bereichert hat, auch dann anwenden, wenn es Spannungen mit Ihrem Kind, den Eltern oder Freunden gibt.

Sie sind in diesem Fall voll und ganz auf dem Weg der Liebe, leben Liebe vor und haben Ihr Ego überwunden. Wenn wir diese besondere mentale Übung anwenden, sind wir nie mehr Opfer irgendwelcher Umstände, sondern Schöpfer.

Wir setzen Impulse, positive heilbringende Impulse, in dem Bewusstsein, nicht unser Wille geschehe, nicht so wie wir es wollen bzw. unser kleines Ego, sondern es geschehe der Wille der höchsten Kraft, es geschehe so wie es stimmt, wie es für alle Beteiligten stimmt.

Dieser Heilkreis kann auch angewendet werden, wenn Sie Probleme mit Kollegen, dem Chef, Ihren Kindern oder Freunden haben. Sie nehmen diese eine ordnende Kraft auf, die wir auch Segen nennen und lassen sie auf eine Beziehung fließen. Das Miteinander ordnet sich dann, wird inniger und stimmiger als es je war oder es löst sich in Frieden und Ruhe auf.

In diesem Fall wird Raum geschaffen für etwas Neues, Stimmigeres.

Ich stelle Ihnen nun diese so bedeutende Übung in der Art vor, wie sie auf meinem Tonband erhältlich ist.

Sie bewirkt immer wieder Wunder, die keine Wunder sind, sondern nur die natürliche Folge einer stimmigen Ursache.

Übung

HEILKREISLAUF

- Ich schließe meine Augen und atme tief ein und tief wieder aus. Beim Einatmen denke ich an den Laut „Hong", beim Ausatmen „So". Ich konzentriere mich jetzt auf „Hong" und „So". Ich beobachte meinen Atem, beobachte wie er einströmt und wieder ausströmt.
- Nun stelle ich mir die Zahl drei vor, mit meinem inneren, geistigen Auge sehe ich die Zahl 3. Dann sehe ich die Zahl 2 und schließlich die Zahl 1. Ich denke jetzt beim Atmen nur e n t s p a n n t .
- Und nun zähle ich langsam von zehn zurück bis eins, 10 – 9 – 8 – 7 – 6 – 5 – 4 – 3 – 2 und 1. Ich bin jetzt ganz ruhig, ruhig und entspannt. Ich bin in meiner Mitte.
- Ich wachse in Gedanken über mich hinaus, mein Scheitel, mein Kronenchakra, öffnet sich und ich werde drei, vier oder fünf Meter groß. Ich bin hervorgetreten, ich habe mein Bewusstsein erhöht.
- Eine Wolke aus Urenergie reicht vom Kosmos herab bis zur Erde. Diese Wolke ist gleichzeitig reine Heilenergie. Sie hüllt mich ganz ein, durchströmt und erfüllt mich, erfüllt mich bis in die letzte Zelle. Ich verschmelze mit dieser Heilkraft, und es geschieht jetzt Heilung, Heilung für Körper und Seele, eine umfassende Heilung.
- Ich lasse geschehen, lasse so lange geschehen bis ich tief in mir fühle: ich heile. Ich weiß, es ist so. Ich merke, wie mich Heilkraft ausfüllt, wie Heilung geschieht.

- Nun stelle ich mir einen lieben Menschen vor, denke an sein wahres Selbst. Ich sehe in seinem Herzen eine helle Stelle. Ich lasse jetzt Heilkraft fließen, lasse einen breiten Strom von Heilkraft in ihn hineinfließen, hülle diesen Menschen ganz ein in Heilkraft. Ich lasse die Heilkraft vor allem in diese weiße Stelle fließen und lasse wieder so lange geschehen, bis ich tief in mir die Gewissheit habe, dieser Mensch heilt jetzt. Er findet seinen Weg, den stimmigen Weg.
- Ich bin ab jetzt nicht mehr Opfer, ich setze Impulse, ich bewege höchste geistige Energie. Wenn ich spüre, dass dieser Mensch heil wird, wenn ich in mir weiß, es ist so, dann lasse ich die restliche Heilenergie wie einen Nebel aufsteigen und in die Wolke zurückfließen. Von dort strömt diese wunderbare Energie wieder in mich ein. Ich werde noch heiler, noch stärker, noch sicherer. Und wieder spüre ich, wie Heilung geschieht.
- Nun lasse ich die Heilenergie auf meine Partnerschaft fließen, ich sehe meinen Partner und mich, zwei Seelen nebeneinander und es fließt die Heilenergie auf uns beide.
- Ich lasse so lange fließen, bis ich weiß, wir heilen beide, wir finden beide unseren Weg, den Weg, der zu uns gehört. Die Partnerschaft wird stimmiger, tiefer und inniger.
- Wieder setze ich Impulse, ich setze Impulse und lasse geschehen. Ich beobachte, wie die verbleibende Energie wieder aufsteigt und über die Wolke in mich hineinströmt. Und abermals geschieht Heilung in mir, alles ordnet sich, seelisch und körperlich.
- Ich denke nun an meine berufliche Situation, denke an Berufung und Erfüllung. Wieder lasse ich aus mir Heilkraft fließen, ein ganz breiter Strom von dieser wunderbaren Kraft fließt von mir auf dieses Thema. Ich lasse so lange geschehen, bis ich weiß, auch dieser Bereich wird der Heilung zugeführt. Es entwickelt sich alles so, wie es stimmt. Ich finde die Aufgabe, die zu mir gehört und den Platz, für den ich geboren bin. Ich werde geführt und nicht mein Wille geschehe, sondern der Wille der höchsten Kraft, der höchsten Intelligenz. Es geschehe so, wie es stimmt.
- Wenn ich weiß, dass sich auch beruflich alles zum Besten wendet, wenn ich auch in diesem Bereich die entsprechende Saat ausgestreut habe, lasse ich von Neuem die verbleibende Energie aufsteigen und wieder in mich hineinfließen. Die kosmische, göttliche Energie ist unerschöpflich. Noch einmal fühle ich, wie in mir Heilung geschieht. Ich weiß, ich werde immer heiler, immer sicherer, immer gesünder.

– Ab jetzt, ab heute kann ich alle Bereiche meines Lebens und alle Probleme in diesen Heilkreislauf aufnehmen. Ganz tief in mir wird es jetzt zur Gewissheit, dass ich aus mir und durch mich alle Themen meines Lebens der Heilung zuführe. Ich bleibe in diesem Bewusstsein, bleibe hervorgetreten und so geschieht ständig Heilung, bei Tag und bei Nacht.
– Nun atme ich tief ein und tief wieder aus. Ich strecke und recke mich und öffne ganz langsam meine Augen, so langsam wie es für mich persönlich stimmt.

WIEN, 25. 11. 2000, CHRISTA BERICHTET:

Ich wuchs als einzige Tochter in einer gutbürgerlichen Familie unter der Obhut einer liebevollen Mutter und eines sehr autoritären Vaters auf. Ich liebte und bewunderte meinen Vater, gleichzeitig hasste ich ihn. Es war eine Verbindung wie Feuer und Eis; wie Himmel und Hölle. Er erzog mich mit Butterbrot und Peitsche. Als ich 19 Jahre alt war, eskalierte unsere Beziehung, und ich verließ in einer kalten Novembernacht mein Elternhaus mit der festen Überzeugung, nie mehr wieder zurückzukehren.

In den darauffolgenden Jahren traf ich meinen Vater einige Male „zufällig" und diese kurzen Augenblicke waren beiderseits immer von großen Gefühlsaufwallungen, Umarmungen und Tränen begleitet; doch dann war wieder nichts. Als ich 38 Jahre alt wurde, hatte ich plötzlich das Bedürfnis, Kontakt zu meinem Vater zu suchen. Als Antwort erhielt ich eine Karte mit den Zeilen „Dein Weg ist das Ziel" – und das war es. Ich feierte meinen 40. Geburtstag und schrieb meinem Vater einen langen Brief, in dem ich ihn fragte, ob es ihn nicht interessiere, wie seine Tochter mit 40 aussieht; ich schrieb ihm, dass ich ihn gerne wiedersehen würde, doch Angst davor hätte, dass er mich nicht sehen wolle. Ich bat ihn, mir zu schreiben.

Auf seinen Brief wartete ich ein ganzes Jahr. Am 21. August 97 hatte ich ihn im Postkasten Mein Vater bot mir die Hand zur Versöhnung an, er wollte Frieden mit mir schließen. Am 23. August zu Mittag war mein Vater tot – Herzinfarkt. Er war kurz vor sei-

nem Tode das erste Mal in seinem Leben über seinen Schatten gesprungen und hatte von sich aus mir die Hand zur Versöhnung gereicht, hatte von sich aus mit mir Frieden geschlossen.

Im Feber 99 lernte ich Frau Prof. Mag. Zinterhof kennen – wir sind uns heute in tiefer Freundschaft verbunden. Sie zeigte mir die Möglichkeit, mich von Seele zu Seele auszusprechen. Rita führte mich in ihren Rückführungsmeditationen mit der Seele meines Vaters zusammen; ich erkannte, dass unsere Seelen seit langer, langer Zeit immer wieder miteinander verbunden waren. Ich habe mich mit der Seele meines Vaters ausgesprochen; ich verstand plötzlich, warum er so oft hart mir gegenüber war, aber doch immer von Liebe erfüllt war, die er nicht zeigen konnte. Ich erkannte, warum unsere Seelen als Vater und Tochter in dieses Leben hineingeboren wurden, und dass unsere Botschaft für dieses Leben hieß: „Verzeihen und die Transformation zum Frieden durchführen."

Über die Ebene des Heilkreises konnte ich mich mit meinem Vater aussöhnen. Die Ebene des Heilkreises erfüllte sich mit strahlendem, hellblauem Licht und tiefer Friede war zu spüren. Ein Frieden, der für mich im Jetzt immer spürbar ist und immer spürbar sein wird.

Christa – meiner Mutter in tiefer Liebe verbunden und meinem Vater in tiefem Frieden verbunden.

9. KAPITEL

ÜBERWINDEN VON ÄNGSTEN

Warum seid ihr furchtsam?
Habt ihr nicht genug Glauben?
Math. 8/26

ÄNGSTE ERKENNEN UND AUFLÖSEN

Ängste kosten viel Kraft und überschatten so manche Beziehung. Angst ist mangelndes Ur- und Gottvertrauen. Ein kleines Kind ist achtsam, aber es zeigt keine Angst. Ein amerikanischer Augenarzt hat mit über hundert Babys einen Versuch unternommen. Er legte eine Glasplatte auf einen Tisch, die doppelt so lang war wie dieser Tisch. Am Ende der Glasplatte stand die Mutter des jeweiligen Kindes mit dessen Lieblingsspielzeug. Der Arzt setzte ein Baby nach dem anderen auf den Tisch. Jedes Einzelne krabbelte nun auf die Mutter zu. Am Ende des Tisches blieb jedes Einzelne sitzen, schaute durch das Glas hinunter und war nicht dazu zu bewegen, weiterzukrabbeln, obwohl es zur Mutter wollte. Achtsamkeit ist also angeboren, Angst hingegen erworben.

Ich hatte viele Ängste in mir, die ich von meiner Mutter und anderen Bezugspersonen übernommen hatte. Diese Ängste machten mir selbst, aber auch meinem Partner, oft das Leben schwer. Ich dachte ständig an Gefahren und Krankheiten und machte mir übergroße Sorgen um meine Tochter. Erst durch meine Ausbildung an einer internationalen Akademie der Wissenschaften lernte ich mentale Möglichkeiten kennen, die mir halfen, allmählich alle Ängste zu überwinden.

Wenn wir vor etwas Angst haben und uns immer wieder mit einer bestimmten Angst beschäftigen, so ziehen wir dieses Ereignis nach den geistigen Gesetzen der Resonanz in unser Leben. Genau das, was wir nicht wollen und befürchten, tritt dann eines Tages ein.

Ich habe vom Schicksal sehr massiv Nachhilfeunterricht bekommen, um endlich zu begreifen. Obwohl ich wusste, dass ich bei aufkommender Angst innehalten sollte, um sogleich eine Weile Licht, dieses höchste Licht, das viel stärker ist als alles Negative, in mich aufzunehmen, vergaß ich dies immer wieder. Wenn wir um unseren Partner oder unser Kind Angst haben, so sollten wir das Licht, das wir von oben aufnehmen, so lange zu der betreffenden Person fließen lassen und diese in das Licht einhüllen, bis wir selbst von einer tiefen inneren Ruhe erfüllt werden. Der Mensch, an den wir denken, ist dann energetisch bestens geschützt. Leider hatte ich vor Jahren den Schritt vom Wissen zum Tun noch nicht getan.

BERICHT:

Mein Mann war auf einer Geschäftsreise in Amerika, als mich panische Angst überfiel und ich mich ständig nur mit negativen Gedanken beschäftigte. Ich hatte tagelang Angst, dass ihm etwas zustoßen könnte. Er kam schließlich mit schweren Kopfverletzungen zurück. Er wurde in Los Angeles überfallen und konnte nur mit Mühe sein Leben retten.

Als ich meine innere Weisheit befragte, was mir dies sagen will, hörte ich meine innere Stimme. Sie erklärte mir, dass ich durch meine Angst mit dazu beigetragen hatte, dass geschah, was ich so sehr befürchtet hatte. Es war eine Lehre für mich. Von diesem Tag an nahm ich mir vor, keine Angst mehr zuzulassen. Ich entwickelte eine Übung, die sowohl mir selbst, wie auch vielen Seminarteilnehmern sehr half.

Angst ist mit einem fremden Hausbesetzer zu vergleichen. Sie schleicht sich an und will sich in uns breit machen. Ich entscheide nun, ob ich dies zulasse oder nicht. Sobald ich merke, dass Angst wie ein Schatten in meiner Nähe auftaucht, gehe ich ganz in meine Mitte, mach mir die Verbindung mit der höchsten Weisheit bewusst, nehme viel Urkraft und Licht auf, sammle diese positive Energie und strahle wie ein ganz starker Scheinwerfer auf diesen Schatten. Der Schatten hat dann keine Chance, er löst sich auf, die Angst fällt von uns ab. So manche Partnerschaft ist durch andauernde Ängste schwer belastet. Wir können uns Ängste nicht leisten, sie engen uns ein und alle Menschen, die mit uns leben. Keine Angst kann dem höchsten Licht und der höchsten Kraft standhalten.

Ich erinnere nochmals an ein geistiges Gesetz, das besagt, wenn ich mich bemühe und mein Bestes gebe, so kann ich das, was zu mir gehört, nicht verlieren. Was nicht oder nicht mehr zu mir gehört, kann ich auf die Dauer nicht halten.

Wenn sich nun etwas auflöst, wenn der Partner unbedingt gehen will oder wenn sich ein Freund von mir abwendet, dann wird Raum geschaffen für etwas Neues, Stimmigeres. Wenn wir nicht lernen, loszulassen, dann werden wir vom Schicksal dazu gezwungen. Je mehr wir unser Ego überwinden und unser wahres Selbst entfalten, umso leichter können wir loslassen, wenn das Leben es von uns fordert.

Das Ego will halten und besitzen, das wahre Selbst aber ist fähig, das zu akzeptieren, was stimmig ist. So viele Menschen halten an allem Althergebrachten, Gewohnten krampfhaft fest. Sie misstrauen der höchsten Ordnung und leiden. Der Weg der Liebe ist ein Weg ohne Misstrauen und Angst.

Sobald wir uns der höchsten Ordnung anvertrauen und stets mit ihr verbunden, also im Einklang bleiben, ist auch bestens für uns gesorgt.

All dies ist eine Empfehlung an Sie, Sich selbst zu entscheiden, ob Sie diesen neuen Weg der Furchtlosigkeit und des tiefen Gottvertrauens beschreiten wollen oder nicht.

Falls Sie feststellen, dass Sie Angst haben vor Nähe, Angst sich voll und ganz einem geliebten Partner hinzugeben, dann empfehle ich Ihnen zunächst, über Ihr inneres Kind zu erfragen, welche Situation dieser Angst zu Grunde liegt. Durch „Umerleben" kann das einstige negative Erlebnis entkräftet werden, sodass es keine Macht mehr über uns hat. Im Anschluss daran erleben wir bei Angst vor Nähe, das innige körperliche und seelische Miteinander so lange voraus, bis kein Unbehagen mehr zu spüren ist. Wir sehen uns am Ziel, erleben uns am Ziel, erkennen, dass es nichts zu befürchten gibt und werden freier und gelöster.

Das Vorauserleben einer Situation löst allmählich jede Angst auf. Es ist schade, wenn man wegen eines Negativerlebnisses in der Vergangenheit ein Leben lang alleine bleibt oder zwar eine Partnerschaft eingeht, aber durch eine Blockade nicht voll und ganz in ihr aufgeht.

Wenn Sie die Ursache für eine Angst nicht kennen, so empfehle ich wieder die Vulkanübung oder die Spiegelsaalübung zu verwenden.

Sie erfassen den Grund für Ihre Angst. Meist ist es nötig, ein altes Erlebnis, das nie verarbeitet worden war, umzustellen und umzufühlen. Wir werden sonst durch ähnliche Erlebnisse, Berichte oder Filme usw. immer wieder an ein oft weit zurückliegendes Schockerlebnis erinnert.

BERICHT:

Eine Dame, die von einem Arzt zu mir geschickt wurde, weil sie unter unerklärlichen und sehr massiven Angstzuständen litt, fand gleich bei unserem ersten Treffen über die Vulkanübung den eigentlichen Grund für ihre Ängste.

Sie hatte als zehnjähriges Mädchen die Bitte ihrer Eltern, für eine kurze Weile auf den Bruder, der noch ein Krabbelkind war, aufzupassen, missachtet. Sie las ein spannendes Buch. Als ihre Eltern zurückkamen, spielte der kleine Bruder mit einem Küchenmesser. Obwohl er nicht verletzt war, brüllten Vater und Mutter mit ihr. Sie schrien, dass sie nichts wert wäre und man sich nicht auf sie verlassen könne. Das Mädchen erschrak sehr und war tief betroffen. Ab diesem Tag war eine Überzeugung in ihrem Inneren da: Ich bin nichts wert. Die Frau hatte ständig Angst, nicht gut genug zu sein. Diese Haltung belastete alle ihre Beziehungen und führte zu schweren Depressionen.

Als sie die eben beschriebene Szene am Grund des Vulkans sah, war ihr plötzlich alles klar. Sie stellte sich nun vor, dass ihre

Eltern den Arm um sie legen und ihr zwar ernst, aber nicht böse sagen. „Wir haben dich lieb, aber dieses Verhalten hätte zu einem Unglück führen können. Wir hoffen, dass du in Zukunft achtsamer bist.“ Nun fühlte sie sich in dieser umerlebten Situation trotz allem angenommen.

Sie prägte sich dieses neue Bild drei Wochen lang dreimal am Tag ein und erlebte die Szene ganz deutlich. Nach dieser Zeit war sie guter Dinge. Ihre Ängste lösten sich völlig auf. Ihr Urvertrauen war wieder vorhanden.

Die folgenden Zeilen bringen den Inhalt meines Tonbandes:

Übung:

URKRAFT: UNERSCHÜTTERLICHES URVERTRAUEN

– Ich schließe meine Augen und atme tief ein und tief wieder aus. Ich beobachte meinen Atem, beobachte wie er langsam einströmt und wieder ausströmt. Nun lasse ich die Außenwelt los und sinke ganz in mich hinein. Sinke in meine eigene Mitte. Ich bin mir meiner Mitte bewusst. Ich genieße dieses Gefühl, so ganz in mir und bei mir zu sein.
– Nun stelle ich mir vor, dass sich über meinem Scheitel eine Blüte öffnet, eine Seerose oder eine Lotusblüte. Sie öffnet sich ganz weit. Ich frage meine innere Weisheit, wie mein Symbol für Urkraft aussieht, mein Symbol für die höchste Kraft, für die eine Kraft, für die höchste Intelligenz. Ist es eine warme, strahlende Sonne oder vielleicht ein Energieball? Ich lasse mir jetzt Zeit, damit sich dieses Symbol vor meinem geistigen Auge entwickeln kann.
– Die Blüte wendet sich jetzt meinem Symbol zu und es fließt frische, reine Kraft in mich ein. Ich habe die Rückverbindung gefunden und ich weiß, ich werde nie mehr leer. Tag und Nacht fließt jetzt Kraft in mich ein, diese wunderbare kosmische Kraft. Mein Körper ist wie ein leeres Gefäß und ich tanke auf. Diese frische, reine Kraft fließt auch in meine Arme und meine Beine, fließt in meine Zehenspitzen und meine Fingerspitzen, sie fließt in jede einzelne Zelle, in jede Zelle meines Körpers. Ich tanke jetzt so lange auf, bis ich spüre, es ist gut so.

– Und nun nehme ich Licht auf, goldenes, warmes, heilendes Licht. Die Blüte sammelt das Licht wie eine Schale und durch eine kleine gedachte Lücke im Scheitel fließt das Licht in meinen ganzen Körper. Das Licht umhüllt die Organe und fließt in jede Zelle. Ich lasse Heilung geschehen, Heilung für Körper und Seele. Ich spüre jetzt meine innere Heilkraft, ich lasse einfach geschehen.
– Wenn ich nun noch irgendwo eine Spannung fühle, eine Spannung oder einen Druck, so lasse ich das Licht an dieser Stelle in Gedanken zu einer Sonne werden, zu einer warmen, strahlenden Sonne. Diese Sonne wirkt jetzt in mir, wirkt so lange, bis ich fühle, es ist gut so.
– Dann kehre ich langsam wieder zurück in meine eigene Welt. Ich lasse nun nochmals Urkraft in mich einfließen, Urkraft und Urvertrauen, Licht und bedingungslose Liebe, diese Urkraft ist auch eine Quelle der Liebe, dieser universalen Liebe. Ich lasse so lange Kraft und Licht und Liebe in mich einfließen, bis mein Herz zu einer Sonne wird, einer starken, strahlenden Sonne. Wenn nun von irgendeiner Seite ein Schatten heranschleicht, eine Angst, – so strahle ich wie ein ganz starker Scheinwerfer, strahle Urvertrauen und Licht zu diesem Schatten hin. Ich strahle so lange Urvertrauen, unbändiges Urvertrauen aus meinem Herzen, bis sich der Schatten völlig aufgelöst hat, bis er keine Chance mehr hat. Sobald sich ein Zweifel oder ein negativer Gedanke nähert, sich ebenfalls in mir breit machen will, strahle ich wieder mit voller Kraft, mit voller Kraft aus meinem Herzen, bis sich auch diese negative Energie völlig aufgelöst hat.
– Nun fühle ich nochmals diese Sonne in meinem Herzen, diese leuchtende Sonne. Strahlen voll Liebe und Wärme berühren die Herzen der Menschen, der Menschen, die mir begegnen. Sie berühren die Herzen, ohne irgendetwas zu erwarten, ohne irgendetwas zu wollen. So gehe ich nun strahlend durch den Tag und werde zur Sonne für andere.
– Jetzt fühle ich wieder meine eigene Mitte, fühle innere Ruhe, ein tiefes, alles überwindendes Gottvertrauen.
– Ich atme langsam tief ein und tief wieder aus. Ich strecke und recke mich und kehre allmählich wieder zurück ins Hier und Jetzt. Wann immer es für mich stimmig ist, öffne ich meine Augen und bin wieder ganz im Hier und Jetzt

URANGST IN DEN KÖRPERZELLEN AUFLÖSEN

Die meisten Menschen schleppen Urängste in den Chromosomen ihrer Zellen mit sich herum. Diese Urängste, die aus dem Tier-Mensch-Übergangsfeld stammen, werden von Generation zu Generation weitergegeben.

Ein amerikanisches Institut hat jahrelang Forschungen betrieben und schließlich eine Möglichkeit gefunden, über die Intuition herauszufinden, ob und in welchem Ausmaß Urängste vorhanden sind.

Ich biete Ihnen nun eine Intuitionsübung an, mit deren Hilfe Sie feststellen können, ob es in Ihren Zellen etwas zu reinigen gibt.

Übung:

- Setzen oder legen Sie sich bequem hin, schließen Sie Ihre Augen und atmen Sie tief ein und tief wieder aus. Beim Ausatmen lassen Sie sich einfach fallen. Fühlen Sie Ihre Mitte, Ihr Zentrum und genießen Sie es, so in sich und bei sich zu sein.
- Nun erweitern Sie den inneren Raum, in dem Ihr Bewusstsein ganz weit wird. Lassen Sie sich Zeit, bis Sie eine tiefe innere Ruhe spüren. Weiten Sie sich in Gedanken über den Ort hinaus aus, an dem Sie sich befinden. Dann werden Sie noch weiter, gehen über das Land hinaus, schließlich über den Erdteil und nach einer Weile über die ganze Welt hinaus. Nun sind Sie offen und frei.
- Lassen Sie eine Zelle Ihres Körpers vor Ihrem inneren, geistigen Auge erscheinen. Sie werden ein Bild bekommen, ähnlich wie es im Buch abgebildet ist. Lassen Sie die Zelle größer werden, nun erblicken Sie in der Mitte einen runden Zellkern. Wenn Sie noch genauer hinsehen und diesen groß werden lassen, dann erkennen Sie die Chromosomenschleifen im Kern. Konzentrieren Sie sich nun auf eine solche Schleife. Erkennen Sie dunkle Punkte, vielleicht auch Streifen oder ist nichts davon zu sehen.
- Falls dunkle Stellen vorhanden sind, dann nehmen Sie viel Licht von der einen Kraft auf und leiten Sie es über Ihr weit offenes Herz in den Zellkern. Lassen Sie geschehen ohne etwas zu wollen. Tauchen Sie die ganze

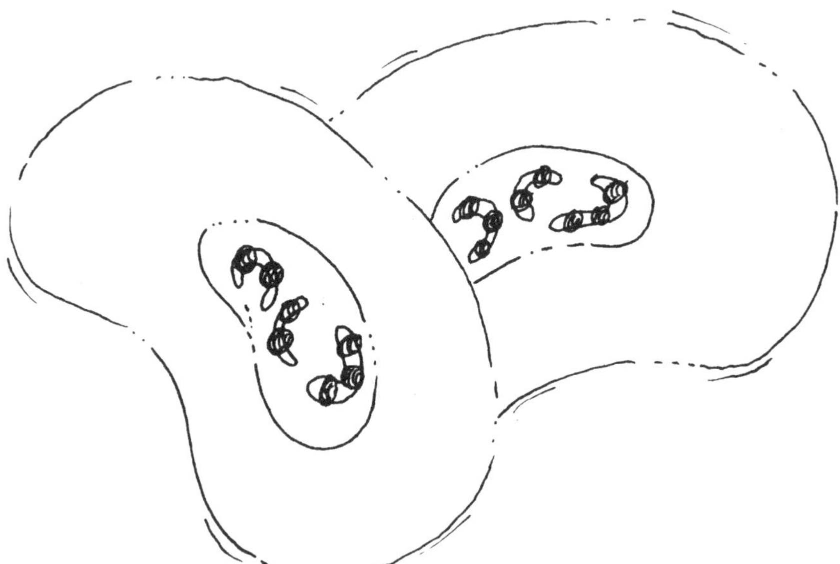

Zelle in dieses heilende Licht. Nach einer Weile werden die Flecken heller erscheinen oder sich ganz auflösen.

Wiederholen Sie diese Übung an den darauffolgenden Tagen, bis Sie über Ihre innere Weisheit erfassen, dass Sie die ehemals vorhandenen Urängste für immer aufgelöst haben.

Alle Damen und Herren, die sich auf diese Weise von alten blockierenden Energien befreit haben, fühlten sehr bald wesentlich mehr Urvertrauen und innere Ausgeglichenheit

Auch die Keimzellen sind nach diesem mentalen Reinigen frei von Urangst. Wenn sich ein Paar ein Kind wünscht und die eben beschriebene Übung anwendet, so kommt der neue Erdenbürger ohne dieses belastende Erbe auf die Welt.

10. KAPITEL

STIMMIGES MITEINANDER IM BERUF

Die größte Entdeckung meiner Generation ist die,
dass ein Mensch sein ganzes Leben verändern kann,
indem er seine geistige Einstellung ändert.

William James

INTUITIVE KOMMUNIKATION

Wenn Sie zentriert sind und sich in den Alpha-Zustand begeben, so ist die entsprechende Voraussetzung für eine gute Kommunikation gegeben.

Wenn Sie mit jemanden kommunizieren wollen, weiten Sie sich aus, das „Ich bin", das Bewusstsein wird weit, und berühren Sie Ihre Kunden, Klienten oder Patienten energetisch. Sie erreichen mit Ihrer Energie die Schwingung des anderen und tasten ihn intuitiv ab.

Fragen Sie nun in Gedanken Ihre innere Weisheit, was der andere wirklich braucht, erwartet und will bzw. welche Art von Betreuung oder Behandlung für diesen oder jenen stimmig ist.

Intuitive Kommunikation ist eine überaus große Hilfe für ein erfolgreiches Miteinander. Wenn Sie mit jemandem sprechen, nehmen Sie intuitiv wahr, was dessen Herz und Seele aussenden. Das, worauf es wirklich ankommt, können wir nur auf intuitive Weise erfassen.

Wenn es Ihre Aufgabe ist, Mitarbeiter auszusuchen, dann visualisieren Sie, dass dieser oder jener in einem bestimmten Team, an einem bestimmten Platz tätig ist. Fragen Sie Ihre innere Weisheit, ob der betreffende Mensch für die entsprechende Aufgabe vollkommen stimmig ist.

Trotz guter Zeugnisse und großer Erfahrung muss jemand nicht der Passendste für gewisse Anforderungen sein.

Auch wenn es darum geht, eine Haushaltshilfe oder ein Kindermädchen, eine Sprechstundenhilfe oder einen Geschäftspartner zu finden, ist die Intuition der einzig wirklich kompetente Berater. Sie weiß, was stimmt. Wir treffen dann keine falschen Entscheidungen, die einem harmonischen Miteinander im Wege stehen.

Wenn wir nur auf den Verstand oder das Gefühl hören, so sind wir oft enttäuscht. Es entstehen durch Unstimmigkeit Disharmonien, die Zeit und Kraft kosten.

FÜHRUNGSKRÄFTE MIT HERZ UND EINFÜHLUNGSVERMÖGEN

An kleinen Dingen muss man sich nicht stoßen,
wenn man zu großen auf dem Weg ist.

Friedrich Hebbel

Wir gehen in eine neue Zeit. Immer mehr reife Menschen wie Leiter von Firmen und Banken, Unternehmensberater, Lehrlingsausbildner und Schuldirektoren kommen zu meinen Seminaren, um ihr Einfühlungsvermögen und ihre Intuition zu verbessern.

Es sind mutige Menschen, die neue Wege gehen wollen. Die von manchen Leuten in führender Position zur Schau gestellte Härte war und ist nichts anderes als getarnte Angst, Macht und Einfluss zu verlieren. Diese Härte ist eigentlich eine versteckte Schwäche.

Es gibt 3000 Studien von Verhaltensforschern zum Thema Führungskraft. Diese Studien haben mich im Rahmen meiner Ausbildung besonders interessiert.

Der Ausdruck „Leadership" (Führungseigenschaft) ist erst seit 1800 bekannt. Von der Verhaltensweise und der Einstellung einer Führungskraft hängt die Leistung einer Gruppe entscheidend ab. Durch diese

3000 Studien fand man heraus, was für ein harmonisches Miteinander besonders wichtig ist. Dazu gehören Meetings und ein Beteiligungsprinzip. Der autoritäre Stil ist vorbei. Arbeitgeber sollten einsehen, dass der Mensch Vorrang hat, Mitarbeiter als Partner ansehen und auch so behandeln. Erfolg und Umsatz steigen, wenn Meetings für alle offen sind, die teilnehmen wollen und Führungskräfte bereit sind, die Meinung ihrer Mitarbeiter zu hören.

BERUFLICHER ERFOLG IM NEUEN JAHRTAUSEND

Was ist für beruflichen Erfolg im neuen Jahrtausend entscheidend? Eine Reihe von Geschäftsleuten, Firmenchefs, Ärzten und Pädagogen haben sich in Amerika zusammengesetzt und über ihre Intuition erkundet, welche Eigenschaften für Menschen am Beginn dieses Jahrtausends für Erfolg und Miteinander von Bedeutung sind.

DIE WICHTIGSTEN EIGENSCHAFTEN SIND FOLGENDE:

1. Selbstmanagement:
Dies bedeutet, sich selbst führen lernen; geduldig an sich selbst arbeiten, um vom Wollen zum Sein zu kommen.

2. Fairness:
Dies bedeutet, gerechtes, ehrliches, den Regeln entsprechendes Verhalten zeigen, den anderen auch dann nicht über den Tisch ziehen, wenn er es gerade nicht merkt, auch und gerade gegenüber dem Geschäftspartner.

3. Ehrlichkeit:
Dies heißt, niemals etwas Verschleiern, niemals etwas Verzerren und Vertuschen, und die Fehler nicht immer bei anderen suchen.

4. Selbsterkenntnis:
Sich selbst mit allen Stärken und Schwächen annehmen und die Angst vor Fehlern gänzlich loslassen. Die Prägung, dass wir weniger Wert sind,

wenn wir einen Fehler machen, sollten alle Führungskräfte in sich löschen.

5. Flexibilität:
Lernen, mit Veränderungen mitzugehen, nicht starr an etwas festhalten, im Fluss bleiben. Durch Festhalten und Starre kann man alles zerstören. Je nach Lage fest sein wie ein Diamant, biegsam wie eine Weide, flexibel wie Wasser und offen wie ein weiter Raum.

6. Humor:
Wie gesund ein Unternehmen ist, zeigt der herrschende Humor im Büroalltag. Spöttische Witze oder Bemerkungen vergiften allerdings das Klima und das Miteinander.

7. Stets im Hier und Jetzt leben:
aber Zukunftsvisionen, Zielbilder in sich tragen und darauf zustreben.

8. Gleichgewicht pflegen:
Das Gleichgewicht zwischen den vier Hauptaufgaben jedes Menschen, der Familie, der Arbeit, der Spiritualität und der Gemeinschaft, muss aufrecht erhalten werden.

9. Intuition einsetzen:
Wir können es uns ebenso wenig leisten, zwischen Verstand und Intuition zu wählen, wie wir beschließen können, mit nur einem Bein zu gehen.

10. Die Kraftquelle Natur einsetzen:
Es ist hilfreich, so oft wie möglich, in der Natur aufzutanken und die großen und kleinen Wunder der Schöpfung zu genießen. Der Aufenthalt in einer unberührten Natur ist Labsal für Körper und Seele.

Der Wunsch nach Gleichgewicht wird immer größer. Eine große Hilfe ist dabei die regelmäßige Meditation. Ein Geschäftsmann fragte einen Zen-Meister Folgendes: *„Ich arbeite hart, wenn ich meditiere, verliere ich dann meinen Elan?“* Der Zen-Meister antwortete: *„Sie werden einfach ein leicht arbeitender Geschäftsmann. Wer hat je behauptet, Arbeit muss hart sein.“*

Ich freue mich immer wieder, wenn auch männliche Führungskräfte, dynamische, starke Persönlichkeiten bei mir anrufen, um besondere Situationen mit mir zu besprechen. Es handelt sich dabei meist um das Aussprechen einer notwendigen Kündigung oder Versetzung. Viele seelisch reife Menschen wollen so eine Handlung so schmerzfrei und schonend wie möglich für den Betroffenen gestalten. Es ist ihnen nicht gleichgültig, wie es demjenigen geht.

Ich erinnere sie dann an das Gestalten des Raumklimas, aber auch an ein Gespräch von Seele zu Seele, dass einige Tage vor dem äußeren Handeln überaus hilfreich ist. Wenn wir dem Angestellten in der entsprechenden Situation ehrlichen Herzens Licht und Liebe senden, dann kann der andere das Notwendige viel leichter annehmen. Sein Selbstwertgefühl wird nicht so geschwächt, wie dies häufig der Fall ist, wenn nur Logik und Härte spürbar sind.

Immer wieder bekomme ich positive Rückmeldungen. Zwei Menschen gehen nach dem notwendigen Gespräch in Ruhe und Frieden, ohne Hass und Ablehnung auseinander.

Wir alle sollten uns Gedanken machen über ein liebevolles und menschliches Vorgehen, wenn es etwas zu regeln gibt.

11. KAPITEL

SINNVOLLE ZEITEINTEILUNG

Man kann arm oder reich sein
allein aus dem Gebrauch der Zeit.

Sprichwort

AUSGEGLICHENES ZEITBUDGET

Ein ausgeglichenes Zeitbudget ist die Voraussetzung für ein harmonisches Miteinander. Viele Menschen haben ständig zu wenig Zeit. In der Schule lernen wir nicht, wie wir mit diesem Thema sinnvoll umgehen sollten. Immer wieder entsteht Stress durch ein Missverhältnis zwischen Können und Wollen. Es kommt zu Spannungen, Überforderung und Gereiztheit.

Dies alles ist für ein harmonisches Miteinander mehr als störend. Sobald wir unter Stress stehen, sind wir auch wenig belastbar und weit außer uns. Wenn wir merken, dass wir nicht mehr zentriert sind, dann können wir über eine im I. Kapitel angegebene Übung unsere Mitte wieder finden.

Prüfen Sie in einer stillen Stunde, ob Sie der Familie und sich selbst ausreichend Zeit schenken. Zeichnen Sie einen Kreis auf ein Blatt Papier. Nun begeben Sie sich wie schon beschrieben in die Alpha-Phase, schließen Ihre Augen und fragen Ihre Intuition, wie groß der Sektor Beruf ist? Öffnen Sie kurz die Augen und zeichnen Sie diesen in den Kreis hinein. Nun fragen Sie: Wie groß ist der Sektor Familie? Wieder zeichnen Sie den Sektor in den Kreis ein. Nun betrachten Sie das Bild. Bleibt noch Zeit für Sie selbst, für Meditation, Hobbys, Sport usw.?

Stimmt das Gleichgewicht zwischen der Fürsorge für den Beruf und für die Familie? Wenn Sie nun merken, dass eine Veränderung angebracht wäre, dann veranlassen Sie die entsprechenden Schritte.

Warten Sie nicht, bis das Miteinander leidet oder Ihre Beziehung zerbricht, bis die Kinder Verhaltensstörungen aufweisen oder eine Entfremdung eintritt. Immer wieder erlebe ich Paare, die sich auseinander gelebt haben oder Eltern, die keinen Zugang mehr zu ihren Kindern finden. Viele junge Leute bedauern es sehr, dass Vater oder Mutter zu wenig Zeit für sie haben.

Ziehen Sie Bilanz bezüglich Ihrer Freizeitaktivitäten. Begeben Sie sich wieder in die Alpha-Phase und fragen Sie Ihre Intuition vor der weißen Leinwand in Ihrem Beratungsraum: *Was sollte ich loslassen, um nicht immer wieder in Stress zu geraten und um ein Miteinander leben zu können?*

Auch in diesem Bereich ist die Intuition der beste und kompetenteste Berater.

Oft sperren sich Ego und Verstand. Man meint dies oder jenes muss aus gesellschaftlichen Gründen sein, ich kann doch nicht Nein sagen, was würden die Bekannten, Kollegen oder Freunde sagen? Denken Sie daran, dass wir denjenigen, der zu uns gehört nicht verlieren können, dann erst recht nicht, wenn wir offen und ehrlich zu uns und unseren Bedürfnissen stehen.

Wenn Sie meinen, dass Sie noch mehr arbeiten müssten, um genug Geld zu verdienen, dann ziehen Sie sich wieder in Ihren Beratungsraum zurück und prüfen Sie, ob dies wirklich zu Ihnen gehört. Vielfach kann ein gewisser Konsumverzicht Abhilfe schaffen. So mancher hat schon ein Vermögen gemacht und dabei den Partner und die Kinder verloren.

Prüfen Sie, ob das, was Sie tun und das Ausmaß Ihres Handelns stimmig sind. Folgen Sie der inneren Weisheit, nicht dem Ego und nicht dem Ehrgeiz. Sie werden es sonst später bereuen.

Wenn jemand in seinem Beruf sehr aufgeht, dann ist ein ständiges Jammern und Nörgeln von Seiten des Freundes und Partners überaus belastend.

Übt man stattdessen selbst eine erfüllende und bereichernde Tätigkeit aus und verwendet die sonst leeren Stunden sinnvoll, so findet man aus der zermürbenden Unzufriedenheit und dem Selbstmitleid heraus.

Als Tochter eines Lehrerehepaares hatte ich die Vorstellung, dass ein Ehemann und Vater zu Mittag nach Hause kommt und dann für die Familie da ist. Als mein Partner, bedingt durch seinen Beruf häufig ins Ausland reisen musste, fühlte ich mich zunächst einsam und verlassen. Wenn er dann kam, äußerte ich meinen Unmut und dadurch entstand immer wieder ein Nebeneinander oder Gegeneinander.

Als es mir einmal sehr schlecht ging, borgte mir jemand ein Buch von *Murphy* „Die Kraft deines Unterbewusstseins". Das Buch faszinierte mich. Ich las stundenlang und begriff immer mehr, dass es schade ist, Trübsal zu blasen. Dieses Buch war der Einstieg in ein neues Bewusstsein.

Lernen Sie mit sich und dem Alleinsein sinnvoll umzugehen.

In vielen Beziehungen gibt es kein Ich und Du, aus dem ein Wir entstehen kann. Vor allem Frauen neigen dazu, dann, wenn der Partner unterwegs ist, in Unzufriedenheit und Lethargie zu sinken. Sie leben oft kein Ich, sie gehen zu sehr auf im Du. Werden Sie eine ausgewogene, eigenständige Persönlichkeit und ein reifer Partner.

Die Zeit, die dann bleibt für das Miteinander sollten wir besonders schön gestalten. Finden Sie von der Quantität der gemeinsamen Tage zur Qualität der gemeinsamen Stunden. Genießen Sie jeden gemeinsamen Augenblick in Ruhe und Harmonie, in Friede und Dankbarkeit.

ZEIT FÜR 10 DINGE

Nimm dir Zeit zum Arbeiten.
Das ist der Preis für den Erfolg.

Nimm dir Zeit zum Nachdenken.
Das ist die Quelle der Kraft.

Nimm dir Zeit zum Spielen.
Das ist das Geheimnis der Jugend.

Nimm dir Zeit zum Lesen.
Das ist das Fundament des Wissens.

Nimm dir Zeit für die Andacht.
Das wäscht den irdischen Staub von deinen Augen.

Nimm dir Zeit für deine Freunde.
Das ist die Quelle des Glücks.

Nimm dir Zeit zum Lieben.
Das ist das einzige Sakrament des Lebens.

Nimm dir Zeit zum Träumen.
Das zieht die Seele zu den Sternen hinauf.

Nimm dir Zeit zum Lachen.
Das ist die Erleichterung, welche die Bürden
des Lebens tragen hilft.

Nimm dir Zeit zum Planen.
Denn dann hast du auch Zeit
für die ersten neun Dinge.

Irland, Autor unbekannt

NACHWORT

*„Dem Menschen wäre nichts unmöglich,
hätte er nur die Beharrlichkeit."*

J. W. v. Goethe

Liebe Leser, ich wünsche Ihnen allen viel Freude und viel Erfolg in jedem Bereich Ihres Lebens.

Wenn Sie den Weg der Intuition, der Weisheit und Liebe gehen und die empfohlenen Übungen regelmäßig anwenden, so werden Sie mehr und mehr Sie selbst. Sie reihen dann einen erfüllten Augenblick an den anderen und tiefe innere Zufriedenheit ist Ihr ständiger Begleiter.

Herzlichst
Ihre
Margarita Zinterhof

BERICHTE VON SEMINARTEILNEHMERN UND ERGEBNISSE VON EINZELSCHULUNGEN

EINE MANAGERIN BERICHTET:

Der Wendepunkt meines Lebens ergab sich im Oktober 1996, also vor nunmehr fast vier Jahren. Nach meiner niederschmetternden Diagnose „HIV-Positiv" gab es nur zwei Möglichkeiten: meinem Leben ein Ende zu setzen oder zu kämpfen. – Ich entschied mich für das Zweite. Guter Grund dafür war mein damals vierjähriger Sohn! Ich musste leben, um ihn großzuziehen!

Im Dezember 1996 lernte ich Rita kennen – eine liebevolle, sanfte, freundliche, aber starke Persönlichkeit – seitdem ein Fixpunkt in meinem Leben. Diese zarte, einfühlsame Frau lehrte mich, die Ursachen meiner Erkrankung zu erkennen, die Umstände zu verändern, welche diese Störung in meinem Leben hervorgerufen hatte. Zu erkennen, dass das Schicksal mich gezwungen hatte, mich mit meinem Inneren zu beschäftigen, da ich solange nicht auf meinen Körper gehört hatte, bis es fast zu spät war.

Einzig durch das mentale Training war es mir anfangs möglich, etwas zur Ruhe zu kommen, Kraft und Energie zu tanken. Ich habe in diesen vier Jahren gelernt, was es bedeutet, loszulassen, verzeihen (vor allem mir selber), alles annehmen, wie es ist und vor allem, mich selbst zu lieben.

Mein Selbstwertgefühl lag total am Boden, bei allen beruflichen wie privaten Erfolgen hatte ich immer das Gefühl, nichts wert zu sein, immer wollte ich es allen anderen Recht machen, ich selber blieb dabei auf der Strecke.

Mit Rita habe ich viele Themen meiner Vergangenheit, welche Negativblockaden in Geist, Seele und Körper verursacht hatten, besprochen, umgefühlt, in Licht und Liebe gehüllt und in Frieden losgelassen. Das Schönste war – alle Antworten existierten in mir selbst! Mit der Zeit schöpfte ich immer mehr Mut – natürlich gab es Rückschläge – diese zeigten mir immer wieder, dass ich noch viel zu lernen habe! Nach einem heftigen Rückschlag (ich hatte ein neues Medikament erhalten, welches mich fast in ein Leberkoma gebracht hatte) war meine Intuition schon so weit trainiert, dass ich genau wusste, was dazu geführt hatte! Intuitiv wollte ich diese Medikament nicht einnehmen, ich wusste, dass ich zu viel arbeitete und eine falsche Partnerschaft führte – ich hatte alle Medikamente abgesetzt und unter Staunen meiner Ärzte hatte ich nach 8 Wochen (ohne weitere Medikamente oder Unterstützung) normale Leberwerte! Ich hatte meine Selbstheilungskräfte aktiviert, meditiert, Bänder von Rita gehört – nach einer Woche verließ ich das Krankenhaus.

Mit Hilfe von Rita erarbeitete ich mit meiner inneren Weisheit eine neue Medikation (inzwischen hatte ich auch einen holistischen Mediziner beigezogen). Dank der Zusammenarbeit von Schulmedizin, Mentaltraining und holistischer Medizin habe ich nun seit 7 Monaten: HIV-Test negativ!! Der Virus zeigt derzeit keinerlei Aktivität und ist in meinem Blutkreislauf nicht nachweisbar!

Ich lebe im Einklang mit mir und meiner Umwelt – und natürlich mit Gott und der Natur! Ich habe zu Urkraft und Urvertrauen gefunden, ich habe inneren Frieden erreicht, und in Zeiten, wo ich rausrutsche, finde ich schnell wieder zurück!

An dieser Stelle möchte ich meinen ganz persönlichen Dank an diese wundervolle Frau, welche inzwischen zu einer lieben Freundin geworden ist, zum Ausdruck bringen. Ich möchte sie in meinem Leben nicht mehr missen!

Ich könnte noch viele Seiten füllen, dies werde ich noch in einem eigenen Buch über meine Geschichte tun, um gleich Betroffenen Mut und Hoffnung zu machen, es ist nie zu spät, es gibt immer einen Weg! Man muss nur daran glauben!

GÜNTHER W., JG. 59, SCHREIBT IM MAI 2000

Es ist mir dieser Tage wieder eingefallen, dass ich und meine Gattin Sie vor 5 Jahren in Ihrem Landhaus in Tattendorf das erste Mal besucht haben. Ein Wochenendseminar „Liebe und Partnerschaft" war der Grund unseres Besuches. Die angenehme Atmosphäre und das überaus interessante Thema sowie die ruhige Vortragsweise Ihrer Person machten dieses erste Aufeinandertreffen für mich zu einem unvergesslichen.

Da ich als Transportunternehmer (35 Mitarbeiter) und Vater von 3 Kindern nicht nur Abnutzungserscheinungen in der damals 11-jährigen Ehe spürte, war es mein ausdrücklicher Wunsch, an weiteren Seminaren teilzunehmen. Über das Grundseminar „Mentales und Intuitionstraining", welches ebenfalls im Landhaus abgehalten wurde, fand ich bereits zu einer gewissen inneren Ruhe und Ausgeglichenheit im Beruf und in der Familie.

Viele Anhaltspunkte und Hilfestellungen habe ich durch Ihre Seminare erhalten. Ein überlegteres, ein ruhigeres, ein reiferes Erfassen vieler Situationen im Leben war klar erkennbar. Im Jahre 1998 durfte ich an einem Seminar für Führungskräfte „Mentales Training und Intuitionstraining" in Baden teilnehmen.

Ich traf dort nicht nur einen Freund aus der Wirtschaft, sondern lernte im Laufe dieses Wochenendes Doktoren, Professoren und Firmeninhaber kennen. Etwas überrascht war ich, als Sie mich am 2. Tag des Seminars baten, einige Worte an die ca. 50 Personen große Teilnehmergruppe zu richten. Etwas nervös wollte ich aber doch die Chance wahrnehmen und meine bei Ihnen erlernten Fähigkeiten

„Die eigene Mitte finden"
„Das volle Regenerieren in kurzer Zeit!
„Das Vorbereiten auf wichtige Gespräche" und einige für mich wichtige Methoden, wie z. B. „Verwurzeln", „Energie aus dem Kosmos", welche ich ständig praktiziere, der Gruppe vorzutragen.

Die stressige Zeit, die Firma, die Familie, immer weniger Zeit waren die Gründe dafür, dass ich Sie jetzt fast ein Jahr nicht mehr besucht habe. Familiäre und geschäftliche Veränderungen haben mich aber rasch wieder an Sie denken lassen. Ich muss mich schleunigst wieder Ihrer Worte besinnen, um in der Familie und im Beruf wieder so ausgeglichen und erfolgreich zu sein, wie in den vorangegangenen Jahren. Mentales und Intuitionstraining mit Ihnen persönlich oder auch mit Hilfe Ihrer Kassetten hat mich immer beruhigt und erfolgreich sein lassen.

CHRISTA M. SCHREIBT:

Betreff: Mein orangeroter Energieball

Mitte Februar blätterte ich eine Samstag-Ausgabe der Zeitung „Die Presse“ durch und im Teil „Top Karriere“ fiel mein Auge auf die Überschrift: Erfolg entsteht im Kopf. Diese Headline fesselte mein Interesse und ich begann, den Artikel zu lesen Es wurde die Teilnahme an einem Seminar „Mental- und Intuitionstraining für Führungskräfte“ empfohlen, das in Baden stattfinden sollte. Bevor ich mich entschloss, daran teilzunehmen, holte ich mir mehr Informationen darüber aus dem Internet und wollte mit Fr. Prof. Mag. Zinterhof persönlich sprechen. Ihre äußerst sympathische und freundliche Stimme gab bei mir den Ausschlag und ich buchte.

Heute, nach einigen in der Zwischenzeit besuchten Seminaren, weiß ich, dass das Zauberwort „subkutanes Telefonieren“ heißt. Das Telefonieren aus „der Mitte“ heraus. Aus der Mitte heraus zu agieren, zentriert zu sein, war das Erste, was ich bei diesem Seminar für Führungskräfte lernte. In der Mitte sein, das ist ein Gefühl von Gelassenheit, Harmonie, Freude, Bewusstheit; – wie viel leichter tue ich mich seither im Umgang mit Geschäftspartnern, Freunden, Mitmenschen.

Wer hat nicht manchmal das Gefühl, nach einer geschäftlichen Besprechung, nach einem anstrengenden Tag, ausgebrannt, ohne

Power zu sein, ohne Energie zu sein? Wer weiß schon, dass es möglich ist, sich an die einzige und wahre Universalenergie anzudocken? Das war das Zweite, was ich bei diesem Seminar lernte. Ich erkannte mein persönliches Symbol für Urkraft, ich fand meinen orangeroten Energieball. Ich lernte die geistige Technik, mich mit dieser Energie zu verbinden und mich bei Bedarf immer wieder neu damit aufzuladen, besser noch: ständig mit ihr verbunden zu bleiben. Burn-out, Erschöpfung, Unlust, Energiemangel – heute kein Thema mehr für mich.

Intuition – ein Schlagwort, über das viel geschrieben und gesprochen wird. Mitte der 90er-Jahre kam es zu einem Umdenken bei Entscheidungsfindungen in den diversen Managementebenen. Zuerst war man der Meinung, eine richtige Lösung kann nur durch den Verstand erzielt werden. Hilfsinstrumente wie Analysen, Umfragen, Statistiken seien „die" Säulen, auf die sich eine verstandesmäßig getroffene Entscheidung stützen kann. Mit dem vermehrten Einzug von weiblichen Führungskräften in die Chefetagen tauchte plötzlich die Intuition auf. Wie sagt Fr. Prof. Mag. Zinterhof immer so schön: „Frauen haben die Intuition, Männer können sie lernen." Es kam plötzlich zu Entscheidungen, die „aus dem Bauch heraus" getroffen wurden.

Dass ich das Treffen von Entscheidungen „aus dem Bauch heraus", sprich aus der Intuition, lernen kann, war das Dritte, was mir auf diesem Seminar vermittelt wurde. Ich lernte meinen geistigen Mentor oder anders ausgedrückt, mein Symbol für meine innere Weisheit kennen und lieben. Ich lernte, mir mein geistiges Beratungszimmer einzurichten oder mich in meinen geistigen Spiegelsaal zurückzuziehen und meinem geistigen Mentor „die Frage aller Fragen" zu stellen und siehe da, mein geistiger Mentor versah mich mit der absolut richtigen und korrekten Antwort.

Seither brauche ich keinen großen Mitarbeiter- oder Beraterstab mehr, um eine Entscheidung zu fällen; ich brauche mich und meinen geistigen Mentor, meine geschulte Intuition. Das Leben ist seither viel einfacher für mich geworden.

Das und noch viel mehr lernte ich in diesem zweitägigen Seminar. Doch nun wollte ich mehr! Während dieser zwei Tage hatte ich eine Reihe von sogenannten „Aha-Erlebnissen". So ein Aha-Erlebnis bezeichne ich immer mit dem Ausdruck: „Mir ist ein Kronleuchter aufgegangen!" Ich erkannte plötzlich, dass ein ungeheuer großes Potenzial an geistigen Möglichkeiten in mir steckt; nicht nur in mir. Dieses Potenzial steckt in jedem von uns. Und dass ich dieses Potenzial sehr spärlich genützt hatte. Denn nun wollte ich mehr! Ich beschloss, Zeit, Geld, Freude und Energie in meine geistige Entwicklung zu investieren. Seither besuchte ich drei Seminare. Ich arbeite mit den Übungskassetten, die Fr. Prof. Mag. Zinterhof für das Training zu Hause verfasste.

Ich bin sehr glücklich darüber, dass ich diesen Weg eingeschlagen habe und kann nur jedem, der diese Zeilen liest, empfehlen, diesen Weg ebenfalls zu gehen; wir haben den besten Wegbegleiter, den wir uns wünschen können, er heißt: Fr. Prof. Mag. Zinterhof.

ASTRID L. BERICHTET:

Ein Seminar von Margarita Zinterhof ist eine Reise wert, denn sie schenkt ein neues Leben. Der große Unterschied zu anderen Seminaren liegt darin, dass dabei der Ist-Zustand erkannt wird. Man kann sich selber erkennen oder die Ursachen für Probleme sehen und diese mit positiven Übungen auflösen. Man lernt mit der Intuition seinen stimmigen Weg und sich selbst kennen. Es wird Positives und Erfolg ins Leben geholt oder noch verstärkt.

Ich lernte das Mentaltraining durch einen Informationsabend kennen. Damals war ich in viele persönliche und gesundheitliche Probleme verstrickt. Ich hatte schon unzählige Versuche, mit verschiedenen Methoden und Mittelchen meine Probleme zu lösen, hinter mir. Doch wie in einem Irrgarten verstrickte ich mich immer mehr. Erst als ich durch verschiedene Mentalübungen die Ursachen erkannte, konnte ich Schritt für Schritt alles auflösen. Seitdem hat sich vieles in meinem Leben geändert – und alles zum Positiven.

Ich habe viel geschafft und „arbeite" noch immer an mir mit viel Freude weiter. Denn der Weg ist das Ziel. Und es gibt keinen besseren Reisebegleiter als Rita – für die schönste Reise, die es gibt – mein Leben!

CHRISTA G. SCHREIBT:

Ich besuchte mein erstes Mentaltrainingseminar, als ich an einem totalen Tiefpunkt in meinem Leben angelangt war. Ich hatte überhaupt kein Vorwissen, ich wusste nicht einmal etwas mit dem Begriff Energie anzufangen. Doch dies war das Erste, was ich spürte: Die Energie dieses mit Liebe erfüllten Raumes, diese ganz besondere Schwingung.

Mein Körper und meine Seele saugten diese Energie auf und ich fühlte mich zum ersten Mal seit Wochen richtig wohl. Durch dieses Erlebnis besuchte ich alle von Rita veranstalteten Seminare. Das Wissen über die geistigen Gesetze und das Verstehen, dass jeder Mensch selbst Schöpfer seines Schicksals ist, veränderte meine Lebenseinstellung grundlegend.

Ich erkannte, dass nur ich selbst mein Leben leiten kann, dass ich von der Spielfigur zum Spieler im Spiel des Lebens wechseln kann. Durch die Techniken des Mentaltrainings wie Spiegelsaalmethode, Vulkanübung und die Übung Auf-den-Berg-gehen, befrage ich meine innere Weisheit und löse Schritt um Schritt alte Programme auf, die mich immer noch unbewusst beeinflussen. Ich gewinne dadurch immer mehr Vertrauen zu meiner inneren Stimme und werde mehr und mehr von ihr geführt. Mein Bewusstsein ist heute voller Vertrauen auf die höchste Macht ausgerichtet.

Ich habe gelernt, dass auch Situationen, die für das Ego schwer zu verstehen sind, eine Chance darstellen und zum Segen werden, wenn man voller Vertrauen auf die höchste Führung ausgerichtet bleibt. So wurde mein Leben viel erfüllter und bewusster. Ich kann das Schöne viel mehr genießen, habe meine Ängste schon zum größten Teil verloren.

Schickt mir das Leben wieder eine Lernchance habe ich meine innere Stimme, die ich mit der Spiegelsaalmethode oder einer andere Methode befragen kann. Sie hilft mir immer weiter, manchmal sind viele kleine Schritte zur Bewältigung notwendig, manchmal ist gleich ein großer Sprung möglich. Ich fühle mich aber so in keiner Situation mehr hilflos und ausgeliefert, denn diese Methoden sind immer anwendbar und dies erfüll mich mit einer gewissen Sicherheit und einer tiefen Dankbarkeit.

ANNA SCHREIBT:

Hatten sie auch schon öfter das Gefühl, dass mit Ihnen irgendetwas nicht stimmt, dass keiner sie versteht, oder dass sie den Anforderungen, die das Leben für sie bereithält, nicht gerecht werden können? Also ich hatte das Gefühl sehr häufig! Aber, wie so oft im Leben, wartet man, bis man keinen Ausweg mehr sieht!

Bei mir war der Auslöser, der mich zu Rita brachte, eine ernst zu nehmende Krankheit. Heute bin ich dankbar für dieses „Problem“, welches mein und das Leben meiner ganzen Familie so bereichert hat.

Ich habe nun Mut und Werkzeug, in mein Innerstes zu sehen und zu erfahren, was ich mir wirklich wünsche. Ich bin auch in der Lage, mich über kleine Dinge zu freuen und mich mit Energie aufzuladen, wenn ich einmal ausgepowert bin. Ich weiß, ich bin wieder 100 %ig gesund, und ich weiß, ich kann mit Hilfe von ganz einfachen Techniken und viel, viel Geduld und Liebe für mich selbst alles erreichen, was für mich „stimmig“ ist.

EINE BANKANGESTELLTE BERICHTET:

Seit Februar 2000 beschäftige ich mich mit Mentaltraining und es hat sich seither viel getan.

Ich kann mich noch total gut erinnern, als ich Rita zum ersten Mal sah, da wusste ich sofort, an Mentaltraining muss was dran sein, denn diese Frau hat eine positive Ausstrahlung, so etwas hab' ich bisher noch nie erlebt.

Anfangs wollte nur ich Mentaltraining machen, mein Mann bekam dann aber auch Lust, sich das mal anzuhören – was nachträglich betrachtet eine sehr kluge Entscheidung war – denn man versteht sich besser, kann über z. B. Vulkanübung, inneres Kind ... reden, was ansonsten schwer möglich ist, da der Partner ja nicht über den gleichen Wissensstand verfügt.

Ich kann nur jedem empfehlen, Kurse bei Rita paarweise zu „genießen", es ist auf jeden Fall eine Bereicherung für die Beziehung. Sie hat uns geraten, vierteljährlich ein Wochenende nur zu zweit zu verbringen. Dadurch hat man wieder mehr Energie für seine Kinder und es tut der Beziehung einfach gut. Ich glaubte immer, es sich nicht leisten zu dürfen, die Kinder ein Wochenende „alleine" zu lassen, aber es zahlt sich aus – die Kinder spüren den positiven Effekt!! Es ist faszinierend, wo man Mentaltraining überall anwenden kann, auch unsere Tochter schwärmt schon für Ritas „Schlafkassetten", wie sie die Übungsbänder nennt.

Ich bin froh, dass ich Rita kennen lernen durfte. Man erlebt viele Dinge viel intensiver. Außerdem fühlt man sich nicht mehr als Opfer, sondern als Schöpfer; das Leben ist einfach schöner geworden.

DIE HEILMASSEURIN WILMA W. BERICHTET:

Als ich Frau Professor Zinterhof kennen lernte, war ich ein Wrack. Schwere Depressionen und körperliche Beschwerden wie Herzrasen, Schwindelanfälle und Panikattacken waren tägliche Begleiter. Ich hatte 6 Jahre Psychotherapie (wöchentlich 1 Stunde) hinter mir, es ging mir immer schlechter.

Über das Mentaltraining lernte ich, wieder aktiv mein Leben zu bestimmen. Alle 3 Wochen hatte ich einen Termin, und ich schaffte es nach 3 Sitzungen, dass es mir wieder besser ging. Ich besuchte einige ihrer Seminare und schaffte es, aus dem schwarzen Loch der Depressionen und Angst zu entkommen. Mein Leben änderte sich zum Positiven. Ich erlernte einen neuen Beruf und baute mein Leben komplett neu auf. Es geht mir so gut wie noch nie und beruflich wie privat bin ich sehr erfolgreich.

Ich danke dem Schicksal, dass ich Frau Professor Zinterhof im richtigen Moment kennen lernte und sie mir auf ihre liebevolle, sanfte Art eine Freundin geworden ist.

HELGA K., JG. 1949

Ich habe einen langen Weg der Suche hinter mir, jetzt habe ich mit Hilfe von Mag. Zinterhof meinen Weg gefunden. Gehen muss ich ihn schon selber und auch das ist ein langer Lernprozess. Aber viele kleine, positive Erlebnisse lassen mich den Weg immer weiter gehen und nicht aufgeben.

Begonnen hat alles, als ich die Diagnose MS erhalten habe. Das Loch, in das ich fiel, war sehr tief. Die Schulmedizin hat für meine Art der MS keine Behandlung. Ich habe vieles probiert. Diverse Wunderheiler, Homöopathie, indische Meditationen, autogenes Training, Trad. Chinesische Medizin, Psychotherapie usw. Ein Arzt in Baden hat mich an Frau Mag. Zinterhof verwiesen und sie hat mir einen Weg gezeigt, den ich gehen kann und auch gehe.

Natürlich hab ich meine MS immer noch und meine Behinderungen sind im Laufe der 17 Jahre auch schlimmer geworden. Seit sechs Jahren mache ich jetzt mentales Training und seit zwei, drei Jahren konnte ich keine Verschlechterung feststellen. Aber wie gehe ich mit meinem Selbstwertgefühl, mit meiner Selbstsicherheit um, wenn ich behindert bin? Bin ich noch brauchbar? Kann es wieder einen Partner für mich geben?

An diesen Problemen arbeite ich mit Hilfe von Mag. Zinterhof und hab schon vieles erreicht. Viele Erleichterungen, die mir der Staat bietet, habe ich beantragt, und die Besuche bei den Amtsärzten vorauserlebt. Es hat sich alles in Harmonie erledigt. Dafür gibt es bereits unzählige Beispiele.

Ich habe Vertrauen entwickelt, dass alles, was auf mich zukommt, stimmig d. h. positiv für mich ist. Ich habe neue Freunde gefunden, neue Interessen entdeckt, stehe allem offen gegenüber. Der angenehme Nebeneffekt meiner Übungen ist, dass ich vor drei Jahren von einem Tag auf den anderen mit dem Rauchen aufhören konnte und bis heute keine Anzeichen eines Rückfalls habe. Ich hab vorher oft, aber vergeblich, versucht, Nichtraucher zu werden. Erst mit dem Verinnerlichen des Freiseins und der Unabhängigkeit hat sich das Problem aufgelöst.

Für meinen weiteren Lebensweg ist das Zusammentreffen mit Frau Mag. Zinterhof eine wesentliche Bereicherung und sie hat mir Möglichkeiten gezeigt, in die für mich richtige Richtung zu gehen.

BRIEF EINER SEMINARTEILNEHMERIN:

Heute hat meine liebe Chefin mir ihren Entschluss mitgeteilt, dass unser Dienstverhältnis aufgelöst wird.

Während meines letzten Aufenthaltes in Deinem Haus (anlässlich des Seminars „Die geistigen Gesetze“) hatte auch ich schon die Klarheit gewonnen, dass ein Loslassen gewisser Vorstellungen nicht mehr genügt und vor allem auch nicht meinem Empfinden entsprechen und daher eine Beendigung des Dienstverhältnisses notwendig ist.

Meine Reaktion und auch das dann folgende Gespräch waren ruhig, überlegt, gefasst und vor allem sehr offen. Ich nehme sehr, sehr viel aus der Zeit in dieser Kanzlei und auch aus dem heutigen Gespräch mit.

Es ist – wie schon so oft, seit Du mich geleitest – wieder eine Situation, in der sich die Wirkung des mentalen Trainings voll und ganz entfalten kann. Ich bin selbst verwundert über die Ruhe und Kraft, die ich spüre und ausstrahle, die ich zum Ausdruck bringe.

Auch mein gesamtes soziales Umfeld – sowohl im Beruf, als auch die Freunde, die Familie und die lieben Bekannten – freuen und wundern sich über diese Ruhe und mein positives Aufnehmen und meine Ausstrahlung.

EINE BESCHÄFTIGTE MANAGERIN BERICHTET:

Ich freue mich über mein Leben und über meine Sonnenseiten. Immer besser kann ich mit Kritik arbeiten; endlich weiß und erkenne ich den Wert, wie viel man daraus lernen kann, wenn man Kritik wirklich mit offenem Herzen und ruhig aufnimmt und erst dann, wenn man sich dafür Zeit nehmen kann, überdenkt und fühlt, filtert, holistisch betrachtet. Die vielen, vielen Erfolge geben mir so viel Aufschwung und Kraft, immer wieder umzuschalten. Es muss nicht mehr alles sofort sein. Es fällt mir speziell in den Situationen, die ich früher als besonders krass, extrem schlimm und unerträglich empfand, immer leichter, die Helikopterperspektive einzunehmen – alles von oben zu betrachten. Ja, es gelingt direkt in der Situation, in Sekundenschnelle.

Die Früchte meiner Selbstarbeit haben schon einige Menschen, die diese wunderbare Entwicklung miterlebten, überzeugt.

BRIEF EINER SEMINARTEILNEHMERIN:

Was früher ein besonderes Thema in meinem Leben war, ist Mitleid. Ich konnte nächtelang nicht schlafen, sobald ein Mensch, der mir nahestand, Probleme oder Sorgen hatte.

Kurz nach meinem Mentaltraining-Grundseminar ist der Vater einer sehr lieben Freundin ganz plötzlich gestorben. Er hatte weder ein hohes Alter erreicht, noch war er krank, er stürzte über eine Treppe und fiel so unglücklich, dass es ihm das Leben kostete.

Als ich davon erfuhr, nahm ich eines der von Dir besprochenen Tonbänder, die Rosenmeditation, zur Hand und schickte meiner Freundin viel, viel Licht, Kraft und Liebe. Daraufhin ging ich ins Urvertrauen und in den Einklang und rief meine Freundin an.

Bevor ich das mentale Training kannte, vermied ich den Kontakt mit trauernden Menschen, da ich deren Leid nicht ertragen konn-

te. Es belastete mich so sehr. Doch an diesem Tag und auch an allen Tagen seither, weiß ich, wie man mit Trauer umgeht.

Meine Freundin hat meine Kraft gespürt, wir telefonierten lange. Meine Hilfe wurde sehr dankbar angenommen. So viele Übungen sind nun schon verinnerlicht – den Menschen sind keine Grenzen gesetzt, wenn es um das „Erfinden" einer „neuen" Meditation geht. Die Intuition lässt sich nicht täuschen – und sie lässt sich so leicht „trainieren"! Nach kurzer Zeit spürt man, was zu tun ist, womit man sich selbst und anderen helfen kann, was fehlt.

KARIN P. SCHREIBT ÜBER IHRE ERFAHRUNG MIT DEM MENTALTRAINING:

Ende 1994 erkrankte ich mit damals 27 Jahren an Krebs. Ein Tumor hatte sich an meiner Wirbelsäule festgesetzt. Noch in der Narkose, vor der Biopsie wurde ich an die Chemotherapie angehängt. Meine Ernährung war auch vor der Erkrankung vollwertig und fast fleischlos, ich war Nichtrauer und Anti-Alkoholiker. Nach dem 4. Chemotherapie-Zyklus, kombiniert mit einer Strahlentherapie, wurde die Lage kritisch. Meine Blutwerte erholten sich nicht, ich hatte Antikörper entwickelt und eine Nacht lang kämpften die Ärzte um mein Leben. Diese Antikörper waren dann auch der Grund, warum die von mir gefürchtete Operation nicht durchgeführt werden konnte. Gefürchtet deshalb, da mit bleibenden Schäden an meinem rechten Bein zu rechnen war. Die Operation wurde also verschoben, meine beiden Schwestern als Trobo-Spender ausgetestet, und eine passte tatsächlich. Ich hatte bis zur nächsten Chemo eine lange Pause und Zeit, mich zu erholen und begann nun endlich, mich mit dem Problem meiner Krankheit auseinanderzusetzen. Die nächsten Chemos überstand ich mit Bioresonanz, Bachblüten und positiver Einstellung viel besser. Im November 1995 ergab eine Kontrolle des MR, dass der Tumor abgestorben sei, ich war überglücklich.

Als ein Jahr später völlig überraschend mein Vater starb, brach mein mühsam aufgebautes Glaubensbild völlig zusammen. In mir tobte es. Warum musste mein Vater, der ein großartiger

Mensch war und mich in meiner schweren Zeit so liebevoll unterstützt hatte, so früh sterben? Der Gedanke an den Tod wurde mein ständiger Begleiter und Albtraum. Ende 1999 war der Tumor wieder da. Der Oberarzt sagte: „Wir können das Hüftgelenk austauschen, damit müssten wir ihr gesamtes rechtes Bein abnehmen.“ Dieser Schock saß tief!

Ich informierte mich über Alternativen. Eine liebe Freundin hatte mir von Frau Prof. Zinterhof erzählt, und ich bat sie um einen Termin, nachdem ich sie bei einem Abendseminar kennen gelernt hatte. Mir persönlich half besonders der Heilkreislauf sehr. Nicht immer gelang es mir, erfolgreich zu meditieren, aber ich versuchte es regelmäßig und nahm es nicht tragisch, wenn ich einmal einschlief –, dann brauchte ich anscheinend Schlaf. Ich sagte meine Punktationstermine im AKH ab und ließ drei Monate nach der Erstdiagnose wieder MR-Bilder machen. Der Diagnosearzt, ein alter Bekannter (ich gehe seit 5 Jahren alle 3 Monate zur Kontrolle), wollte seinen Augen nicht trauen. Er fragte mich, ob ich eine Chemotherapie oder eine Bestrahlung gemacht hätte. Die Antwort „Nein“ verblüffte ihn sehr. Der Tumor war in diesen drei Monaten um die Hälfte kleiner geworden.

Ich machte weiter und der Tumor schrumpfte weiter, nicht mehr so schnell, aber stetig. Ich wende die verschiedensten Übungen an, die ich von Frau Zinterhof gelernt habe und spüre meine Veränderung.

Den Weg musste und möchte ich selber gehen, aber ich bekam die Hilfe, die ich dazu brauchte, von einem wunderbaren Menschen.

SIEGLINDE F. SCHREIBT:

Zuerst möchte ich die Gelegenheit wahrnehmen und Dir, liebe Rita, für die Zeit, die Du während meiner Brustkrebs-Erkrankung mit mir geteilt hast, danken.

Nach meiner Operation im Mai 1997 bekam ich von meinem Gynäkologen Deine Adresse. Mit Skepsis besuchte ich die ersten Seminare. Je mehr ich von Mentaltraining hörte, um so neugieriger wurde ich. Durch Dich lernte ich nun, immer alles positiv zu sehen, auch meine Krankheit. Leider versuchen wir, die Schuld an unserem So-Sein immer anderen Personen und Dingen anzulasten. Da aber Krankheiten in uns selbst entstehen, können auch nur wir sie ändern. Diese Erkenntnis war für mich der erste und wichtigste Schritt in Richtung Heilung.

Gemeinsam konnten wir nun den Grund meiner Erkrankung finden und begannen, die Disharmonien in Liebe aufzulösen. Ich lernte, mich durch die Lichtglocke mehr zu schützen und wurde so immer offener für die Menschen um mich herum.

Nun möchte ich allen anderen Menschen Mut machen, den Weg in ihr wahres Selbst zu beschreiten. Es ist ein schöner und aufregender Weg, wo wir alle Antworten und Fragen, die uns beschäftigen, finden werden. Denn keine Krankheit oder kein anderes Problem kann so schlimm sein, dass es keine Lösung gibt.

Heute bin ich wieder ganz gesund, wende mein Erlerntes im Beruf und in der Familie an und danke Gott, dass ich Rita kennen lernen durfte, die mir eine liebe Freundin wurde.

BERICHT EINER ÄRZTIN:

Nachdem sich im Sommer 99 mein Traum von einer Gemeinschaftspraxis in einen Albtraum, sprich Konkurs, verwandelte, erinnerte ich mich wieder an Rita. Ich hatte einen ihrer Kurse für Manager besucht und sie erwähnte damals auch die Möglichkeit von Einzelberatungen, So kam es, dass wir gemeinsam in vielen Stunden meine alten Programmierungen wie „Ich kann mit Geld nicht umgehen" –„Ich hab nie Geld, es rinnt mir durch die Finger" – „Ich verdiene es nicht, glücklich zu sein" etc. erkundeten und in neue Glaubenssätze, wie z. B. „Ich lebe in finanzieller Fülle und kann weise damit umgehen", veränderten.

Durch Rita lernte ich die Macht der Liebe kennen. Ich schickte allen Beteiligten des Konkursverfahrens immer wieder Licht und Liebe und so konnten wir ein gutes Gesprächsklima aufbauen.

Heute, ein Jahr danach, habe ich durch Ritas Unterstützung und durch die tatkräftige Hilfe von „Robin Hood" und seinen Mannen eine neue Praxis und bin dabei, den Schuldenberg abzutragen. Auf diesem Weg möchte ich allen, die mir dabei geholfen haben und weiterhin helfen, sehr herzlich danken.

BÜCHER, DIE WEITERHELFEN

- Aufwärts zum Erfolg, *Robert H. Schuller,* mvg-Verlag 1987
- Spring über deinen Schatten, *Sylvia Luetjohann,* edition Tramontane 1995
- Bericht vom Leben vor dem Leben, *Morris Netherton, Nancy Shiffrin,* Ullstein Sachbuch 1990
- KARMA Die Chance des Lebens, *Angelika Hoefler,* Windpferd Verlagsges. 1990
- Die vielen Leben der Seele, *Roger J. Woolger,* Hugendubelverlag 1992
- Der Heiler in Dir, *José Silvia, Robert B. Stone,* Goldmann Verlag 1990
- Die Physik der Unsterblichkeit, *Frank J. Tipler,* R. Piper GmbH u. Co KG 1994
- Stell Dir vor, *Gawain Shakti,* Sphinx Medien 1984
- Geheimnisvoller Kosmos GEHIRN, *Ernst Pöppel, Anna-Lydia Edingshaus,* C. Bertelsmann, Verlag 1994
- Farben ihre natürliche Heilkraft, Gräfe u. Unzer GmbH 1991
- Die Kraft der Intuition, *Dr. Felix Aeschbacher,* Verlag Universitas 2000
- Die Heilkraft der Stille, *Dr. Felix Aeschbacher,* Reichl Verlag 1992
- Reinkarnation, Evolution der Seele, *John Algo,* Adyar Theosophische VerlagsgmbH 1996
- Unzerstörbare Energie, *Karl-Heinz Kupfer,* Ariston Verlag 1987
- Die Kraft einer Frau, *Louise L. Hay,* Heyne Verlag 1997
- Das Handbuch zum Glücklichsein, *Ken Keyes,* Heyne Verlag 1998
- Über den Tod und das Leben danach, *Elisabeth Kübler-Ross,* Verlag „Die Silberschnur" GmbH 1992

- Die revolutionäre Therapie: Heilen mit Liebe, *Dr. med. Dean Ornish,* Mosaik Verlag 1999
- Nie mehr müde und erschöpft, *Norfolk Donald,* Ariston Verlag 1997
- Super Intuition, *Prof. Dr. Tepperwein,* mvg Verlag 1997
- Was dir deine Krankheit sagen will, *Prof. Dr. Tepperwein,* mvg 1996
- Heilwirkung der Morinda, Die Wunderfrucht aus der Südsee, *Sigrid Hirsch,* freya Verlag

DIE AUTORIN

PROF. MAG. MARGARITA ZINTERHOF

Studium für Biologie an der Universität in Wien sowie Entwicklungspsychologie und Lebenswirtschaftskunde. Weiterbildung durch zahlreiche Seminare und Studien bei Ärzten und Professoren aus Deutschland und Amerika sowie an einer internationalen Akademie der Wissenschaft, Diplom für Seminarleitung, Intuitionstraining und Mentaltraining. Diplomierte Erfolgstrainerin, Ausbildung für Lebensberatung.

Frau Mag. Zinterhof ist seit 29 Jahren verheiratet und lebt in Tattendorf bei Baden in Niederösterreich. Sie hat eine bereits erwachsene Tochter.

Margarita Zinterhofs Seminare werden im In- und Ausland besonders von Führungskräften geschätzt. Über ihr Seminarangebot hinaus führt sie Einzelschulungen von Managern, Pädagogen und Ärzten durch sowie Beratungen für Menschen, die gesundheitliche oder seelische Probleme lösen wollen.

Ihre Referenzkunden sind in Kammern, Banken und privaten Unternehmungen zu finden, in der Industrie, Unternehmensberatung, Datenverarbeitung und Versicherungsbranche. Als Beispiele seien die Wirtschaftskammer Wien, Steiermark, Niederösterreich und Salzburg, die Allianz Elementar Versicherungs AG, die Raiffeisenbank, die Firmen Wessely & Mittermüller (Internationale Transport), Wedl & Hofmann, Dettendorfer Spedition, phone perfect und das Pädagogisches Institut Baden erwähnt.

Unterstützung zum Buch bieten Kassetten und eine CD, die im Laufe der letzten 12 Jahre auf Wunsch der Seminarteilnehmer entstanden sind. Jedes Band ist von Frau Mag. Zinterhof besprochen und mit einer eigens komponierten und arrangierten Musik von Franz Hrdlicka vertont.

MEDITATIONSMUSIK VON FRANZ HRDLICKA

- MC The Way to the Light
- MC High Above
- MC Regenbogenmeditation – Vulkanübung
- CD Soft and Peaceful

MEDITATIONSÜBUNG

- MC Das innere Kind (Übung zur Heilung des inneren Kindes)
Der Spiegelsaal (Probleme, Unklarheiten hinterfragen)
- MC Blumenmeditation (Loslassen der Vergangenheit)
Urkraft und Urvertrauen (Angst auflösen)
- MC Selbstvertrauen, Ruhe und Gelassenheit
(Baum des Selbstvertrauens)
Kraft und Energie
(Über eine gedachte Energiekugel Kraft aufnehmen)
- MC Der Baum (Auflösen von Energieblockaden)
Das Licht der Liebe (Aktivierung der Selbstliebe)
- MC Regenbogenmeditation
(Geistige Entspannung, Regeneration, Erholung)
Vulkanübung (Auflösen von Ärger und Stress)
- MC Rosenmeditation (Wir erfassen, wie es einem anderen Menschen geht und ob er Hilfe braucht.)
Heilkreislauf
- MC Innere Frau, innerer Mann (Korrektur der inneren Bilder)
Kristalltechnik (Umprägen, Änderung überholter Muster)
- MC Das innere Lächeln (Regeneration, Wohlbefinden)
Lichtglocke
- CD Energie und Harmonie

- CD Energie und Harmonie II
- MC Selbstbewusst, Selbstsicher, Mentales Training für Schule und Sport
- Buch Selbstbewusst, Selbstsicher, Das Buch zur MC

SEMINARANGEBOT

- Mentaltraining und Intuitionstraining
- Problemlösung
- Zielfindung
- Intuitives Charismatraining
- Intuitives Zeitmanagement
- Intuitives Erfolgstraining
- Intuitives Kommunikationstraining
- Konzentrationstraining

Für Informationen zu Seminaren und Einzelschulungen wenden Sie sich bitte an:

Prof. Mag. Margarita Zinterhof
Raiffeisenplatz 18
2523 Tattendorf
Tel. 02253/81448
Fax 02253/81032
Email: zinterhof@utanet.at
Internet: www.zinterhof.at

INDEX

bitte ausschneiden ✂

INFORMATIONS-COUPON

Ich interessiere mich für folgende Themen

(Bitte zutreffendes ankreuzen)

- ❑ Mentaltraining & Intuitionstraining
- ❑ Einzelschulungen (Problemlösung, Zielfindung, etc.)
- ❑ Intuitives Charismatraining
- ❑ Intuitives Zeitmanagement
- ❑ Intuitives Erfolgstraining
- ❑ Intuitives Kommunikationstraining
- ❑ Konzentrationstraining
- ❑ MC und CD

Ich freue mich über Ihr Interesse.
Mit freundlichen Grüßen

Ihre Mag. Margarita Zinterhof

MEINE ANSCHRIFT

Name ....

Vorname ....

Straße ....

PLZ .... Ort ....

Tel. ....

E-mail ....

Frau
Prof. Mag. Margarita Zinterhof

Raiffeisenplatz 18
A-2523 Tattendorf